KB098033

김성우

응용언어학자. 성찰과 소통, 성장의 언어교육을 꿈꾸는 리터러시
연구자로 사회문화이론과 비판교육학을 통해 영어교육을
새롭게 정의하는 방법을 모색한다. 펜실베이니아 주립대학에서
응용언어학을 공부하며 제2언어 쓰기 이론, 테크놀로지를 활용한
언어교육, 학술 영작문 등을 가르쳤다.
『영어교육과 IT』, 『현대 영어교육학 연구의 지평』 등의 책을 공동
집필했고, 『어머니와 나』를 썼으며, 『함께하는 영어교육』에
'영어교사를 위한 인지언어학 이야기'를 연재 중이다. 대학에서
'영어교육론', '말하기 듣기 교수방법론', '언어와 사고', '영어논문
쓰기' 등을 가르치면서 의학, 생물학, 경영학, 작업치료학 등
다양한 분야의 연구자와 만나고 있다.

단단한 영어공부

단단한 영어공부

내 삶을 위한 외국어
학습의 기본

김성우

소박하지만 단단한 기쁨을 주는 영어공부를 위하여

다섯 해째 대학생들이 쓴 '영어학습 자서전'을 읽고 있습니다. 영어학습 자서전이란 어릴 적부터 지금까지 경험한 영어공부의 역사를 정리한 글입니다. 영어공부를 어떻게 시작했는지, 영어공부에 중대한 영향을 미친 사람은 누구인지, 기억에 남는 교재는 무엇인지, 주로 어떤 방법으로 공부했는지, 영어공부의 위기 또는 터닝포인트는 무엇이었는지 등등 그간 걸어온 공부의 길을 찬찬히 돌아봄으로써 내가 해 온 공부를 객관적으로 바라보게 되지요.

지금껏 백여 명이 정성스레 써 낸 영어학습 자서전을 읽어 오면서 학습자뿐 아니라 우리 사회의 영어교육을 이끌어 가는 다양한 이들과 만났습니다. 학부모, 영어유치원 선생님, 학교 선생님, 학습지 교사, 학원 강사, 유학 및 어학연수 업체 관계자, 과외 선생님, 형제자매, 학교와 학원 친구들까지 다양한 사람들이 모여 한국의 영어교육을 만들어 가고 있었습니다.

저마다 걸어온 공부의 궤적은 조금씩 달랐지만, 영어학습 자서전을 관통하는 주제는 '영어공부의 성공과 실패 그리고 지금의 영어 실력'으로 요약되더군요. "읽기는 꽤 하는데 쓰기는 잘 안 된다", "다른 영역에 비해 말하기가 떨어진다", "전반적으로 내 영어 실력에 만족하지 못한다", "아무래도 노출이 부족했나 보다" 같은 서술이 주를 이루었습니다.

좀 더 깊이 들여다보면 세 가지 현상이 눈에 띕니다. 먼저 영어공부의 과정은 경쟁과 떼려야 뗄 수가 없었습니다. 영어와의 '싸움'을 서술하는 내용이 대부분이었고, 중학교 이후의 영어공부는 철저히 입시를 염두에 둔 준비 과정으로 기술되어 있었습니다. 각종 시험 대비와 타인과의 비교, 나아가 영어를 둘러싼 전투에서의 승패가 영어학습사의 중심 주제였습니다.

다음으로 적지 않은 학생들이 영어공부와 관련한 정서적 부침浮沈을 털어놓았습니다. 영어를 공부하게 된 동기나 자신감에 대한 내용뿐 아니라 부끄러움, 지나친 긴장, 불안 등과 관련된 경험들이 언급되었으며, 영어공부를 하면서 겪은 '트라우마'를 토로하기도 했습니다. 뿌듯한 감정도 종종 나타났지만 쓰라린 좌절을 드러낸 대목도 적지 않았습니다. 아프게도 영어를 통해 세계를 만나는 설렘과 기쁨을 주제로 삼은 경우는 찾아보기 힘들었습니다.

마지막으로 우리 사회에서 가장 영어를 잘하는 집단에 속한 학생들조차 자신의 실력에 줄곧 의심을 품고 있었습니다. 다들 부러워할 만한 실력이 있는데도 '부족함'을 강조하는 결론을 내리곤 했습니다. 강점보다는 약점을 드러내는 서술이, 이룬 것보다는 앞으로 성취해야 할 목표에 대한 이야기가 두드러졌습니다. 지금껏 걸어온 길을 요약하는 감정은 만족이라기보다는 결핍이었습니다.

우리 사회에서 영어가 지닌 위상과 권력을 생각해 볼 때, 영어공부의 역사를 돌아보는 글이 경쟁에서의 승리와 패배, 원하는 수준에 도달 혹은 미달, 투자 대비 성과, 그러면서 겪은 어려움과 스트레스로 점철되어 있다는 사실은

11

그리 놀랍지 않습니다. 처음에는 흥미와 재미를 느꼈을지 모르지만 점차 성적과 시험을 위한 공부가 되는 현실에서 끊임없이 남과 비교할 수밖에 없었겠죠. '누구나 다 하는' 영어를 제대로 익히지 못했다는 좌절감 또한 떨쳐 내기 쉽지 않았을 겁니다. 아무리 열심히 해도 세상은 '왜 여태 그것밖에 못 하느냐'고 비아냥거리는 것만 같고요.

학생들이 써 낸 자서전 속 영어공부의 풍경을 보면 마음이 복잡다단합니다. 영어는 우리를 성장시키기보다는 줄 세우고, 뿌듯함보다는 상처를 주며, 성취감보다는 좌절감을 선사할 때가 많습니다. 문제는 이를 아무리 뼈저리게 느껴도 우리 사회에서 영어가 가하는 압력은 줄어들지 않는다는 사실입니다. 어떤 면에서 영어는 '과대평가될 수 없는', 즉 아무리 강조해도 괜찮은 능력이 되어 버렸습니다. 이러한 경향은 아이러니하게도 '영어는 기본'이라는 말로 표현됩니다. 무언가가 기본이 되면 다른 것들은 기본의 자리에서 밀려날 수밖에 없지요. 이 사회가 너무 쉽게 영어를 '기본'의 자리에 놓고 있는 것은 아닌지, 영어에 떠밀려 더욱 소중한 일들을 망각하고 있지는 않은지 돌아볼 필요가 있습니다.

저는 우리 사회의 영어교육을 바꿀 수 있는 작은 실천으로 '삶을 위한 영어공부'를 이야기하고 싶습니다. 각자의 삶에서 새로운 영어공부를 실천함으로써 영어와 자신이 맺는 관계를 바꾸고, 나아가 이 사회가 영어와 맺는 관계를 바꾸어 나가자는 제안입니다. 성찰 없는 암기, 소통 없는 대화, 성장 없는 점수 향상을 넘어 우리의 삶을 단단하게 만드는 영어공부에 대해 함께 고민하고자 합니다.

이 여정에 여러분을 초대합니다.

Chapter 1 :

영어, 왜 공부하는가

토익과 토플이 없어도, 내신과 입시가 없다 해도
영어를 공부할 이유가 있습니까?
영어는 우리의 삶에서 어떤 의미입니까?

영어, 꼭 배워야 할까

"우리는 왜 영어를 배워야 할까요?"

참 많이 듣고 또 하게 되는 질문이지요? 아마 다들 한 마디씩 대답할 수 있을 겁니다. 영어는 전 세계 시장을 여는 열쇠이고, 인터넷과 미디어의 언어이며, 경쟁력 강화를 위한 무기이고, 기업 간 커뮤니케이션의 보이지 않는 인프라, 높은 수준의 교육을 받기 위한 기본 능력, 세계시민이 되기 위한 필수 요건…… 이만해도 답은 충분해 보입니다.

그렇지만 곱씹을수록 이 짧은 질문 안에 많은 것이 녹

아 있습니다. 무심코 던지는 질문에 숨겨진 가정들을 면밀히 검토해 보면, 우리 사회에서 영어공부를 대하는 방식이 드러납니다.

첫째, 이 질문은 '영어를 배워야 한다'는 가정을 담고 있습니다. 누구나 영어를 배워야 한다는 전제를 깔고 나서 왜 배워야 하느냐고 묻습니다. 그런데 정말 모두가 영어를 배워야 할까요? 영어를 배워야 한다는 전제 자체에 문제는 없을까요? 배우고 싶은 사람, 꼭 필요한 사람만 배우면 안 될까요? '영어교육에 예외는 없다'는 생각은 우리 삶에 어떻게 배어들었을까요?

둘째, 이 질문의 주체가 누구인지 알아야 합니다. "영어는 필요하다"는 답을 미리 내놓고 영어를 왜 배워야 하느냐고 질문하는 사람들은 누구인가요? 사교육 업체? 학자? 교사? 부모나 학생도 과연 같은 이야기를 할까요? '우리'라는 단어는 누구를 포함하고 누구를 배제하나요? '우리 모두의 영어공부'라는 선언으로 누가 이익을 얻고 누가 불이익을 받게 될까요? 혹시 영어는 누구나 배워야 한다는 생각이 누군가에 의해 은밀하게 주입된 것은 아닐까요? 이로 인해 사회적으로 차별받는 이들이 생겨나는 건 아닐까요?

셋째, 여기서 '영어'는 구체적으로 무엇을 말하는지 생각해 봐야 합니다. 우리 사회에서 말하는 '영어'는 미국 영어일까요? 영국 영어일까요? 아니면 호주 영어일까요? 홍콩이나 싱가포르에서 필요한 영어일까요? 영어를 공용어로 삼은 아프리카 여러 나라에서 쓰는 영어는 우리가 말하는 영어에 포함되나요? 우리가 영어를 배우는 구체적인 목적은 무엇인가요? 여행을 위한 영어인가요? 비즈니스? 시험 대비? 문학 작품을 읽을 수준이 되어야 하나요?

꼬리에 꼬리를 무는 질문을 통해 확인할 수 있는 것은 우리가 은연중에 생각하는 '영어공부'의 내용과 방향이 누군가에 의해 정해지고 부지불식간에 퍼져 왔다는 사실입니다. 한국 사회에서 배워야 하는 영어 그리고 이를 공부하는 방법에 대한 '그들의 생각'이 오랜 시간 가랑비 젖듯 우리의 태도와 관점을 형성해 온 것입니다. 결국 영어공부에서 당연하게 여겨지는 말들은 개개인의 삶에 뿌리박고 있다기보다는 사회 전체의 요구에, 자신이 아닌 다른 누군가의 필요에 의해 규정되고 확산되어 온 셈입니다.

그렇다면 이제 '그들의 영어'에서 '나의 영어'로 변화를 모색하는 일이 필요합니다. 영어공부의 길을 스스로 찾아 나서야 합니다. 누군가가 정해 주는 동기, 모두에게 주어지는 방법, 유명인의 성공담이 아니라, 나 자신의 삶 속에 뿌리박은 영어공부를 궁리하고 만들어 가야 합니다.

결국 '어떤 영어'를 '왜', '어떻게' 공부하는가를 가장 잘 아는 사람은 자기 자신입니다. 하루하루의 일상, 활동하는 커뮤니티, 영어로 처리해야 하는 일, 영어로 즐기고 싶은 콘텐츠, 영어로 소통을 하는 친구 등과의 관계 속에서 스스로 '삶을 위한 영어공부'를 만들어 가야 합니다. 그런 공부만이 오래, 깊이, 단단히 우리의 머리와 가슴 속에 남을 언어를 만들 수 있습니다.

외국어, 도구인가 세계인가

좀 더 구체적인 질문을 던져 볼까요. 여러분은 왜 영어를 공부하나요?

많은 분이 토익이나 토플 같은 시험을 위해, 학교 성적과 입사, 유학 등을 위해서 영어를 공부하고 있을 것입니다. 특정 주제를 다룬 신문기사, 미드나 영드, 마블과 DC 작품을 더 잘 이해하고 싶어서 영어를 배우는 분도 있겠죠.

제 경우에는 두 가지로 압축할 수 있습니다. 첫 번째는 글을 쓰고 가르치기 위해서, 두 번째는 경험의 폭을 넓히기 위해서입니다. 다시 말해 먹고사는 데 필요해서, 또 영어를 통한 다양한 경험이 재미있기 때문입니다.

그렇다면 영어교육 전문가들은 외국어를 배우는 목적을 어떻게 보고 있을까요? 크게 도구적 관점과 구성적 관점으로 나눌 수 있습니다.

도구적 관점에서는 언어를 특정 목적을 달성하기 위한 도구로 봅니다. 언어 자체보다는 '언어를 통해 뭘 할 수 있을까'를 먼저 고려합니다. 직업활동을 위해 영어를 배우는 경우가 대표적입니다. 이에 비해 구성적 관점에서는 지식과 경험을 쌓아 나가는 데 언어가 주요한 역할을 한다는 점을 강조합니다. 사회경제적 수단으로서의 영어가 아니라 삶과 떼놓을 수 없는 영어, 인간과 인간을 이어 주는 끈의 역할을 하는 영어, 인류가 이루어 놓은 문화적 유산으로서의 영어에 주목합니다.

외국어 학습에서 도구적 관점과 구성적 관점은 동전의 양면과 같습니다. 일본에서 장사를 해서 성공하고 싶다면 일본어를 배워야 합니다. 그런데 일본어를 배우다 보면 일본 사회와 문화에 대한 이해가 자연스럽게 깊어집니다. 도구적 동기에서 시작했지만, 새로운 지식을 구성하게 되는 것이지요. 반대로 일본 문화에 흥미가 있어서 재미로 시작한 '덕질'이 도구적 가치를 갖게 되기도 합니다. 일본 애니메이션을 섭렵하면서 자연스레 체득한 일본어가 향후 경제활동에서 큰 역할을 할 수도 있지요.

이렇듯 도구적이냐 구성적이냐를 칼로 무 베듯 나누기란 불가능합니다. 그런데 지금 우리 사회에서는 시험과 승진 같은 도구적 가치가 언어를 통해 소통하고 지식을 확장하며 재미를 찾아가는 구성적 가치를 압도하고 있습니다.

우리나라 영어교육에 막대한 영향을 끼치는 나라가 미국입니다. 미국에서는 이 두 가지 관점이 대립하는 상황입니다. 정부에서 언어를 사회와 문화, 정체성의 총체로 접근하기보다는 정책의 도구로 사용한다고 많은 연구자와 교육자가 비판하고 있습니다.

미국 정부는 2차대전 당시 군대식 교수법이라는 언어학습법을 군에 보급하여 단시간 안에 타국의 언어로 임무를 수행할 수 있게끔 했습니다. 군대식 교수법은 듣고 말하기에 중점을 두는 청화식 교수법에 기반합니다. 작전에 투입될 군인들은 수개월간 하루에 열 시간 이상 스파르타식 언어교육을 받으며 외국어 구사 능력을 키웠습니다. 사느냐 죽느냐가 달려 있기에 열심히 할 수밖에 없었습니다. 병사들의 학습이 국익과 직결되는 상황이었지요.

1957년 소련이 최초의 인공위성인 스푸트니크 1호를 쏘아 올리자 미국은 충격에 빠집니다. 이를 기점으로 과학교육에 상당한 예산이 배정되었고, 학교에서는 과학의 중요성을 홍보하는 영화를 상영합니다. 과학을 도구 삼아 적을 이겨야겠다는 열망이 엄청난 예산을 과학교육에 쏟아붓게 만들었지요.

그리고 1970년대 중후반, 석유 파동과 경제 위기를 겪으며 카터 대통령은 '지혜를 통한 힘의 배양'Strength through Wisdom 정책을 천명합니다. 외국어 교육의 중요성이 다시 강조되면서 또 한 번 '부강한 나라를 위한 언어 교육'이라는 표어가 전면에 등장하지요.

21세기 미국이 겪은 가장 큰 사건이라 할 수 있는 9·11 테러 이후에 미국의 외국어 교육에는 또 다른 변화가 옵니다. 아랍어, 중국어, 한국어 등 소위 '전략언어'에 대한 예산 지원이 늘면서 강좌와 수강생도 대폭 증가했습니다.

한국의 영어교육 또한 이런 틀에서 크게 벗어나지 않습니다. 교육부 교육과정 총론을 보면 우리 교육의 목적은 "인간다운 삶을 영위하게 하고, 민주 국가의 발전과 인류

공영의 이상을 실현하는 데에 이바지하게 함"이라지만, 실제 영어교육이 지향하는 바는 내신과 입시, 입사 자격과 승진 요건 갖추기에 집중됩니다. "영어 왜 공부하세요?"라는 질문에 "발음이 멋있잖아요. 재미있는 영화도 보고요"보다는 "토익 시험 봐야 하거든요"나 "학교 과목이니까 시험 준비해야죠"라는 답을 들을 수밖에 없는 현실이죠.

언어의 가치를 보는 관점은 언어교육의 방향에 분명한 영향을 미칩니다. 정책을 입안하고 경제적 자원을 배분하는 데 있어서 가치관의 중요성을 무시할 수는 없습니다. 분명한 것은 미국도 한국도 언어의 내재적 가치를 중시하기보다는 언어를 수단으로 보는 관점에 치우쳐 있다는 사실입니다. 이러한 구조적 편향은 개개인이 영어공부를 하는 이유에도 큰 영향을 미칩니다. 도구적 언어관이 지배하는 환경에서 영어가 삶을 성장시키고 타인을 이해하는 데 큰 역할을 해야 한다는 생각은 순진한 이상으로 치부될 수밖에 없습니다.

성과 추구 VS 원리 추구
: 영어교육을 바라보는 두 관점

국가 교육과정 이외에 유아·청소년 시기의 영어공부에 가장 큰 영향을 미치는 요소는 바로 부모의 관점과 가치관이라고 할 수 있습니다. 부모의 성향은 다양할 수밖에 없지만, 다음 두 축에 속한 키워드를 중심으로 영어교육에 관련된 의사결정이 이루어지는 경우가 많습니다.

(1) 부모 주도, 선택, 계획, 실행, 능력, 시험, 두려움
(2) 대화, 자율성, 책임, 새로운 세계, 성장, 즐거움

몇 년 전 세 차례에 걸친 학부모 간담회에서 추출해 낸 키워드들입니다. 양극화 경향이 나타나지요. 영어 능력을 키워 시험 성적을 올리는 것이 목적이라면 부모 자신의 정보력과 주도적 선택을 앞세우는 경향이 있습니다. 반면에 즐거운 성장을 위해 영어공부를 시키는 경우에는 자녀와 대화를 하며 자율성과 책임을 강조하는 경향을 보입니다.

저는 이 두 성향을 '성과 추구형'과 '원리 추구형'이라

고 부릅니다. 전자는 주변의 소문, 사교육 컨설팅, 웹사이트 검색 등을 통해 끊임없이 '최적의 영어공부 방안'을 찾으려 하고, 후자는 재미있고 지속적인 영어공부를 추구하며 목표를 이루는 방법도 다양하다고 생각합니다.

흥미롭게도 이 두 성향이 한 사람 안에서 공존하고 충돌하는 경우를 많이 봅니다. 자율과 원리를 추구하려 하지만 주변에서 새로운 이야기를 들으면 '뭐라도 시켜야 되나' 하는 생각도 들고, 한참 자녀를 '푸시'하다가도 어느 순간 '이건 정말 아닌데' 싶기도 합니다. 시계추처럼 양극단을 왔다 갔다 하는 경우도 나타나지요.

가치관이 바로 교육적 실천으로 이어지지도 않습니다. '원리 추구형' 가치를 암묵적으로, 또 진심으로 지지하는 부모들도 새로운 정보를 접하면 특정 시기에 꼭 시켜야 하는 영어공부는 없나 찾아보게 됩니다. "아이가 이런 사람으로 컸으면 좋겠다"거나 "영어는 즐거웠으면 좋겠다"는 바람은 "방과후 시간을 어떻게 활용할까?", "방학에는 뭘 시키지?", "뒤처지면 안 되는데 어떻게 해야 할까?"라는 질문 앞에서 힘을 잃고 맙니다.

추상적 가치관과 구체적 실행 사이를 채우는 것은 수많은 영어교육 프로그램의 유혹, 친구들과 주변의 압력 그리고 '무능한 부모'로서 '실패한 자녀'를 대면해야 할지 모른다는 두려움입니다. 지금 이 시기를 놓치면 어떤 일이 벌어질까 불안하기도 합니다. 때로는 부모뿐 아니라 자녀도 또래와 자신을 비교합니다. 경쟁 시대에 어떻게 살아남아야 할지를 '본능적으로' 감지하는 것이지요. 이렇게 엉켜버린 영어교육의 매듭을 어떻게 풀어 가야 할까요?

무엇보다 '시킬 것인가, 말 것인가'라는 딜레마에서 탈출해야 합니다. 양자택일해야 한다는 선입견에서 벗어나 질문의 틀을 완전히 새로 짜야 한다는 말입니다. '영어를 얼마나 시킬 것인가'에서 '지금 아이의 삶에서 영어는 어떤 의미인가'로 질문을 바꿔야 합니다. 이는 다시 '영어교육에 관련된 정보를 어떻게 선별할 것인가'에서 '자녀와 함께 영어교육의 문제를 풀어 갈 방법은 무엇인가'로의 전환을 요구합니다. 부모가 많이 듣고 배워서 아이에게 정답을 제시하겠다는 결심이 아니라, 아이와 끊임없이 대화하고, 그 속에서 부모 자신도 자녀와 함께 "삶의 선택을 책임지는 주체로 성장해 가겠다"는 마음가짐이 필요합니다.

교육 관련 정보는 넘쳐납니다. 그 모든 것을 면밀히 검토하기란 사실상 불가능합니다. 이 상황에서 '정답의 선택'이라는 프레임으로 영어교육의 문제를 풀어내려 할수록 부모로서의 무능감, 주변의 유혹과 압력, 실패에 대한 공포는 커질 수밖에 없겠지요. 올바른 영어교육의 길을 단 하나로 생각하는 순간, 내가 선택할 수 있는 모델이 있었으면 하는 욕망이 간절해지고요. 그 모델을 가장 설득력 있게 제시하는 것은 무성한 소문과 성공 경험담 그리고 데이터로 무장한 세련된 마케팅일 수밖에 없습니다.

많은 부모들이 '합리적인 교육 소비자'가 되고자 애쓰고 있습니다. 그런데 무서운 것은 '합리성'을 정의하는 이야기 대부분이 자본의 이익과 밀접하게 관련되어 있다는 사실입니다. '우리'의 합리성이 아닌 '그들'의 합리성임을 알아야 합니다. 대형마트의 수많은 시리얼 상자들이 선택의 자유를 확대하지 못하듯, 수많은 학습법과 프로그램들이 배움의 자유를 확장하진 못합니다. 정해진 선택지 가운데 고르는 것은 어느 정도 만족은 주지만 근본적인 방향을 바꾸지는 못합니다.

자녀의 영어학습 문제를 한 방에 해결할 수 있는 방법은 모르지만, 영어학습의 문제를 영어 안에 가두려 할 때 더욱 중요한 문제를 방기하게 된다는 점은 분명히 말할 수 있습니다. '학원을, 프로그램을, 과외를 선택하는 탁월한 능력'을 지닌 부모보다는 '영어와 삶의 관계를 성찰하고,

이를 바탕으로 자녀와 소통하며 함께 성장'하는 부모가 이 사회에서 더 큰 목소리를 냈으면 하는 바람입니다.

습득이 아닌 생태계로
: 영어학습의 새로운 메타포를 찾아서

외국어를 이해하고 사용하는 과정에서 가장 많이 쓰는 말은 아마도 '학습'과 '습득'일 것입니다. 이 두 용어는 일상에서는 특별히 구별되지 않지만, 영어교육학에서는 다르게 쓰입니다.

학습한다learn는 말은 가장 널리 쓰이는 무난한 표현으로, 학교에서든 이민국에서든 언어를 배우는 일을 통칭합니다. 이에 비해 습득한다acquire는 말에는 미묘한 함의가 담겨 있어서 언어학습에서 생태적 접근을 추구하는 학자들에게는 피해야 할 방법론으로 인식되기도 합니다. 영어교육학에서 습득에는 다음과 같은 의미가 들어 있습니다.

(1) 외부에 취해야 할 대상이 있다.

(2) 학습자는 이를 자기 내부로 가지고 들어온다.

(3) 외부 대상은 이제 자신의 소유가 된다.

(4) 따라서 언어 습득은 소유물을 점차 늘리는 일이다.

이는 외부에 객관적으로 존재하는 정보가 개인의 소유가 된다는 관점입니다. 기업 인수합병을 생각하면 쉽게 이해될 것입니다. 더 많은 기업을 합병해야 덩치가 커지고, 그래야 기업의 시장가치가 올라갑니다. 반면에 언어학습에서 생태적 접근을 추구하는 관점에서는 언어를 금이나 석유 같은 자원보다는 대자연과 같은 환경에 가깝게 봅니다. 이에 따르면 언어는 취해야 할 자원이 아니라 우리가 살아가는 환경으로, 특정 언어와 학습자를 소유가 아니라 관계 relations의 관점에서 파악해야 합니다. 우리가 세계를, 산과 바다를 소유할 수 없듯 언어는 소유하는 것이 아니라 누리는 것입니다. '누림'이 학습의 중심이 된다면 많이 가지고 적게 가지고는 그리 큰 문제가 되지 않습니다. 더 많이 소유하려 조바심을 낼 필요도 없습니다. 세계는 언어로 충만하고 우리는 그것을 잘 누리면 되니까요. 중요한 것은 그 언어와 내가 엮이는 방식, 내가 그 언어를 통해 하고자 하는 일, 그 언어가 나의 정체성에 미치는 영향입니다. 결국, 내 삶과 해당 언어가 맺는 관계를 살펴야 합니다.

참여 메타포와 합창 배우기

언어학습에서 습득 메타포를 비판하며 제시된 대안적 개념이 참여participation입니다. 언어를 소유물로 보고 이를 습득하는 것으로 파악하기보다는 특정 커뮤니티의 일원이 되는 과정으로 파악하는 개념입니다. 즉 외국어를 배우는 일은 규칙이나 형식을 습득하는 과정이 아니라 특정한 사회문화적 커뮤니티의 일원이 되는 일입니다.

여기서 말하는 커뮤니티가 꼭 원어민 집단을 가리키는 것은 아닙니다. 언어를 쓰는 사람이 모인 곳이라면 그곳이 바로 언어 커뮤니티입니다. 반 친구일 수도 있고, 롤플레잉 게임에서 만나는 친구일 수도 있습니다. 심지어 자신이 만들어 낸 가상 캐릭터의 모임일 수도 있습니다. 커뮤니티를 찾아갈 수도 있지만 뚝딱 만들 수도 있지요.

'합창의 기술을 습득한다'와 '합창단의 일원이 되어 활동한다'라는 두 명제를 비교하면 '습득 vs 참여'로 표현되는 두 관점의 차이가 느껴집니다. 전자는 단원이 되기 위해 필요한 기법을 하나하나 익혀 가는 것으로 합창을 파악하지만, 후자는 노래를 좋아해서 합창단에 들어가고 거기서 만난 이들과 친해지고 교류하며 함께 노래하는 활동을 합창으로 봅니다. 노래에 점수를 매기는 사람은 없습니다. 그저 노래가 좋고 사람이 좋은 거니까요.

합창 기술의 습득이 '완벽함'mastery에 중점을 둔다면, 합창단원으로 활동하는 일은 '누군가가 되는 일'becoming에 중점을 둡니다. 전자가 언어 습득의 목표를 네이티브 스피커로 본다면, 후자는 삶의 다양한 활동에 참여하는 것 자체에 의미를 둡니다.

'안녕'보다 아름다운 "아뇽"을 기억하며

언어를 소유의 관점이 아닌 누림의 관점에서 보고, 어떤 참여의 생태계를 만들어 갈 것인가를 고민하다 보면 떠오르는 일화가 있습니다. 언젠가 한국말을 전혀 모르는 외국인 친구가 저와 헤어질 때 미소 띤 얼굴로 손을 흔들며 "아뇽" 한마디를 던졌습니다. '안녕'의 발음이 서툴러 "아뇽"이 되고 말았죠. 십여 년이 지난 지금까지 그 인사가 마음속 깊이 남아 있는 까닭은, 그 친구가 한국말을 잘해서가 아니었습니다. 그가 한 번도 배워 보지 않은 한국어로, 아니 친구의 모국어로 소통하기 위해 노력했다는 사실이 제 마음을 따스하게 어루만져 주었기 때문입니다.

돌아보면 그 친구의 "아농"은 서툴지만 위대했습니다. 부정확했지만 아름다웠습니다. 그는 한국어를 오래 공부하지도 않았고 유창하게 구사하지도 못했습니다. 하지만 그가 맺은 관계 속에서 한국어를 통해 의미 있는 일을 했습니다. 사람과 사람을 연결하는 순간 그 한마디가 빛을 발했습니다.

습득, 물론 중요하죠. 하지만 습득이 지상과제가 되는 언어학습은 앙상합니다. 더 많이 가지려는 욕심은 더 가지지 못한 사람을 향한 멸시, 더 많이 취하지 못한 자신에 대한 원망과 떼어 놓을 수 없습니다.

우리의 삶이 영어와 어떤 관계에 있는지, 영어공부는 나를 어떻게 바꾸어 가고 있는지, 영어를 통해 어떤 소통에 참여하고 있는지 계속 물어야 합니다. 나아가 영어를 배우고도 그것을 누리지 못하게 하는 사회를 바꾸어 가야 합니다. 공부의 목적은 습득한 양이 아니라 소통의 기쁨이기 때문입니다.

영어와 새로운 관계 맺기

(1) 영어는 짱구다. 아무도 못 말리기 때문이다.

(2) 영어는 골칫거리다. 내신의 적이기 때문이다.

(3) 영어는 스펙이다. 더 이상의 설명은 생략한다.

영어교육에 관련된 강의를 시작할 때면 "영어는 ○○이다. 왜냐면 ◇◇이기 때문이다" 형식으로 영어에 대한 생각을 묻곤 합니다. 짧은 문장이지만 영어를 대하는 학생들의 태도가 고스란히 드러나기 때문입니다.

앞의 세 문장은 각각 초등학생, 고등학생, 대학생에게서 나온 답변입니다. 일반화할 수는 없으나 여기서 우리 사회에서 영어의 생애사를 만납니다. '재미있지만 도무지 알 수 없는 짱구 같은 영어'에서 '내신 성적의 주요 영역'으로, 나아가 '취업과 승진의 수단'으로 변화하는 영어의 운명을 봅니다.

영어공부에 대한 애증은 학교에서 끝나지 않습니다. 언젠가 한 직장인 학습자가 한 말입니다. "영어요? 그림자 같아요. 저한테 계속 따라붙거든요." 세월과 함께 변화하는 영어에 대한 생각에서 학습자의 슬픔이 배어납니다.

지금 우리 사회는 영어교육에 천문학적 액수를 투입하고 있습니다. 취학 전부터 시작해 초등-중등-고등을 거쳐 대학 교육까지, 공교육·사교육을 가리지 않고 큰 비용을 치르며 영어를 배웁니다. 그렇다고 만족스러운 결과가 나오는 것 같지도 않습니다. "영어공부 헛했다"거나 "몇 년을 공부했는데 입도 뻥긋 못 하냐"는 한탄, "영어교육에 대한 사회적 비용이 너무 크다"는 논평은 이제 식상하게 느껴지지요.

우리 사회에서 영어는 분명 사회경제적이고 정치적인 문제입니다. 그 해법 또한 거시적이고 구조적일 수밖에 없습니다. 영어교육 전문가들은 제도 변화 없이 의미 있는 변화를 이끌어 내긴 힘들다는 점에 공감합니다. 하지만 학교를, 취업의 조건을, 영어 실력에 대한 사회적 기대를 바꾸기 전에 할 수 있는, 아니 해야만 하는 일이 분명히 있습니다.

이제 우리 사회가 영어와 맺는 관계를 근본적으로 바꾸어야 한다고 믿습니다. 그 시작은 '영어, 어떻게 정복할 것인가'에서 '영어는 나에게, 나아가 우리에게 무엇인가'라는 질문으로의 전환입니다. 영어가 우리에게 어떤 존재인지 모른 채 무턱대고 덤벼드는 일은 그만하고, 영어가 우리를 조종하는 것이 아니라 우리가 영어를 누리기 위한 작업을 시작하는 겁니다. 영어의 의미를 묻는 질문을 단초로 삼아 이제껏 우리 사회를 지배해 왔던 영어에 대한 생각, 지금 우리의 영어공부에 가장 큰 영향을 미치고 있는 사고의 틀을 함께 살펴보고 싶습니다. 그러면 우리가 영어를 공부하는 방법도 달라질 것입니다.

Chapter 2 :

원어민 중심주의를
넘어서

영어를 공부하는 목표는 '원어민처럼 되기'가 아니라
'또 다른 나로 성장하기'여야 합니다.
'그들의 언어'가 아닌 '나의 언어'를 만들어 가야 합니다.

유령은 존재하지 않는다. 다만 지배할 뿐

제임스(가명)는 미국에서 온 원어민 교사입니다. 이번에 K고교 수행평가를 맡아 전교생 말하기 시험을 실시했습니다. 간단한 즉석 회화를 하고 점수를 부여하는 방식이었습니다. 학생 수가 많긴 했지만 수행평가는 별 탈 없이 치러졌습니다.

학기가 끝나자 제임스는 미국으로 돌아갔고, 교내 원어민 교사는 공석이 되었습니다. 하지만 원어민 교사를 새로 채용하지 않고, 학교 영어 교사들이 이전 형식 그대로 학생들을 평가했습니다. 그런데 많은 학생들이 상세 배점 기준이 무엇인지 따져 물었습니다. 자연스러운 회화에 어떻게 객관적인 점수를 매기느냐는 불만이 터져 나왔죠. 이후 말하기 수행평가는 지필평가로 대체되었습니다. 이상은 실제 있었던 사례입니다.

외국에서 공부하는 동안 말하기 능력 시험 채점관으로 4년쯤 일한 적이 있습니다. 원어민과 2인 1조로 유학생 조교들의 말하기 능력을 평가하는 일이었습니다. 그런데 채점관을 하려면 원어민이건 비원어민이건 이틀간 집중훈련에 참여해야 했습니다. 공정한 채점을 위해 원어민/비원어민 구분보다 더욱 중요했던 것은 채점 기준표의 항목을 일관되고 객관적으로 적용하는 훈련이었습니다.

제임스의 사례는 원어민이라는 '유령'을 보여 줍니다. 말하기도 쓰기도 읽기도 듣기도 잘하는, 모든 면에서 완벽한 영어를 구사하는 유령. 말하기 시험 채점도 완벽하게 해내는 유령. 모든 문법 문제에 척척 답을 내놓는 유령. 영어의 완전체로 현현한 유령. 주관을 배제한 완벽한 객관성을 견지하는 유령 말입니다.

유령은 존재하지 않습니다. 단지 지배할 뿐입니다. 우리 사회에 이런 유령들이 배회하고 있습니다.

네이티브 스피커는 죽었다

"The native speaker is dead", 네이티브 스피커가 죽었다니 도대체 무슨 소리일까요? 세상 곳곳에 버젓이 살아 있는데 말이죠. 이는 사실 저술가이면서 사전과 관련된 여러 프로젝트에 참여했던 토머스 파이크데이가 쓴 책 제목입니다. 이 책에서 그는 우리가 흔히 생각하는 '네이티브 스피커'는 현실에 존재하지 않는다는 주장을 펼칩니다. 유니콘처럼 존재하지 않는 것을 개념화했다는 겁니다.

영어 원어민 하면 'CNN 같은 방송에서 아주 명쾌한 발음으로 뉴스를 전하는 앵커'나 '영어 교재에 나오는 발음을 구사하는 사람', '토플이나 토익 같은 표준화된 시험에서 문제를 읽어 주는 사람'이 떠오릅니다. 이는 보통 '교육을 잘 받은 미국 중산층 백인 엘리트'와 상응합니다. 그런데 이른바 '원어민 발음'을 구사하는 사람들이 전 세계 인구 가운데 몇 퍼센트나 될까요? 우리나라 영어교육에 가장 큰 영향을 미치는 국가인 미국에서는 또 얼마나 될까요?

제가 가서 공부했던 펜실베이니아주 내에서도 '피츠버그 발음'과 '필라델피아 발음'을 구분해서 이야기합니다.

경제와 문화의 수도라 불리는 뉴욕에도 여러 가지 영어가 섞여 있고, 특히 브루클린 지역의 발음은 여러 면에서 독특하다는 평가를 받습니다. 소위 '시골 동네'인 와이오밍과 앨라배마 주의 발음은 '보통' 발음에서 거리가 더 멀고요. 유튜브에서 이들 지역 방언을 검색하면 그간 들어 왔던 미국 영어와는 확연히 다른 발음이 들릴 것입니다. 이렇게 한 나라는 물론이거니와 각각의 주 안에서도 발음의 차이는 현격합니다. 더군다나 미국은 이민자 국가입니다. 다양한 인종, 문화, 국가를 배경으로 하는 사람들이 서로 다른 발음을 구사하는 것은 당연하겠지요.

우리 교육과정의 근간을 이루는 미국 영어를 벗어나면 문제는 더욱 복잡해집니다. 미국이 아닌 다른 나라 사람은 한국 영어교육에서 말하는 영어 원어민 화자에 포함되는지 알쏭달쏭합니다. 영국인이나 호주인은 어떨까요? 태어나서 줄곧 영어를 쓴 인도인은 또 어떻습니까? 곰곰이 생각해 보면 영어를 모국어로 하는 사람이라면 모두 영어 원어민입니다. 교과서나 시험의 음원에 등장하는 사람들만 원어민이 아닙니다.

일부 원어민의 영어를 모델로 삼는 것이 잘못되었다는 뜻은 아닙니다. 영어를 가르치고 배우려면 일정한 표준이 필요하고, 적절한 모델을 따라서 노력하는 자세 또한 필수입니다. 여기서 생각해 볼 점은 우리가 생각하는 표준과는 다른 영어 발음과 문법을 쓰는 사람들에 대한 태도입니다. '다름'을 '틀림'으로 인식함으로써 다양성이 아닌 배제의 논리로, 평등이 아닌 위계의 논리로 발음을 대하는 것은 은밀한 언어 차별의 논리에 휘둘리는 꼴이기 때문입니다.

흑인이나 히스패닉 계열이 쓰는 영어, 텍사스 같은 미국 남부에서 쓰는 영어를 우리는 어떻게 여기나요? 은연중에 "발음이 영 이상한데"라거나 "정말 우스워"라며 비웃고 있지는 않나요? 아일랜드에 가면 아일랜드 사람이 하는 영어를 들을 수 있고, 홍콩 사람은 홍콩 영어를 합니다. 이들 사이에 우열 관계는 존재하지 않습니다. 우열이 있다고 믿게 하는 것은 우리에게 끊임없이 주입되어 온 언어 이데올로기의 힘입니다. 우리말도 마찬가지입니다. 서울말이 경상도나 전라도 말보다 본질적으로 더 나은 것은 없습니다. 다만 사회경제적 구조가 서울말을 하는 사람에게 좀 더 많은 기회를 주고 각종 미디어에서 서울말을 기준으로 방송을 제작하다 보니 '서울말이 낫다'는 잘못된 믿음을 갖게 되었을 뿐입니다.

원어민이라는 말은 우리 사회에서 널리 사용되지만 파

이크데이의 말대로 '죽은' 개념일 때가 많습니다. 우선 실제로 누가 원어민인지 알 길이 없습니다. 사회적·경제적·이데올로기적 효과를 위해 만들어진 비현실적이고 애매모호한 개념이기 때문입니다. 곰곰이 생각해 보면 '원어민' 개념이 사회적으로 힘을 가질 때, 나아가 '원어민'과 '비원어민'이 명확히 구분되는 상황에서 특정 집단은 이익을 봅니다. 원어민은 '고급 상품'으로 포장하고 비원어민은 언제까지나 부족한 존재로 그리며 학습법을 홍보하는 이들이 시장에서 유리한 고지를 점하는 것이지요. 이는 영어 교수법에도 영향을 미칩니다. 정확성과 형식은 지나치게 강조하는 반면, 언어학습이 더 깊이 추구해야 하는 목표인 의미와 소통을 등한시하는 결과를 초래합니다.

'원어민'에 대한 과도한 강조는 글로벌 시대를 정확히 읽지 못하는 것입니다. 영국문화원과 영국 언어학자 데이비드 크리스털의 추산에 따르면, 원어민 – 비원어민 간의 대화보다 비원어민 – 비원어민 간의 대화가 더 빈번합니다. 그럼에도 불구하고 우리는 종종 영어를 국제어로 배운다는 사실을 간과합니다. 우리는 원어민이 되려고 공부하는 것이 아니라 세계의 많은 이들과 소통하기 위해 공부합니다. 이 점을 기억한다면 원어민 콤플렉스나 다양한 발음 및 언어 특성에 대한 편견을 버릴 수 있을 겁니다. 한국 사람은 한국 영어를 합니다. 이를 부끄러워할 필요는 없습니다. 내 생각과 의견을 제대로 전달할 수 있는 발음이라면 한국 억양이 섞여도 아무 문제 없습니다. '죽은' 네이티브 스피커의 영어를 흉내 내기보다는 '살아 있는' 우리의 언어를 만들어 갔으면 합니다.

네이티브가 되기 위해 필요한 시간은?

영작문 수업이 끝나갈 무렵, 맨 뒷자리에 앉은 학생이 번쩍 손을 들었습니다. 그리고 대뜸 이렇게 묻더군요.

"몇 시간이나 공부해야 원어민처럼 말하고 쓸 수 있나요?"

저는 이렇게 대답했습니다.

"일반적으로 원어민처럼 영어를 한다고 하면 발음부터 떠올리지만, 영작문을 다루는 수업이니 만큼 쓰기에 대해 이야기해 보겠습니다. 원어민처럼 작문을 한다는 건 무슨 뜻일까요? 우선 철자나 문법에서 오류를 덜 범하는 것이겠죠. 왜 범하지 않는 게 아니라 '덜' 범한다고 했을까요? 원어민도 종종 오류를 범하기 때문입니다. 언어를 배우면서 오류를 줄여 가려는 노력은 중요하고, 이는 시간이 필요한 일입니다. 꾸준히 해야 한다는 뜻이죠.

하지만 일률적으로 '몇 시간을 노력하면 완벽한 문장을 쓸 수 있다'고는 말할 수가 없습니다. 일정 수준이 넘어가면 영어를 공부해 온 누적 시간보다 퇴고에 쏟은 시간과 정성이 글의 질을 결정하는 경우가 많기 때문입니다. 수십 년간 모국어로 글을 써 온 작가들조차 자기 글을 다듬고 또 다듬잖아요. 여러분이 오류가 많은 글을 쓰게 되는 건 영어 공부의 세월이 부족해서가 아니라 고쳐 쓰기를 제대로 하지 않아서일 공산이 큽니다.

문법적으로 오류가 없는 문장을 써 내는 것보다 더욱 중요한 것은 자신의 생각과 감정, 의견을 입체적이면서도 엄밀하게 표현할 수 있는 능력입니다. 그렇다면 흠 없는 문장이라는 신기루를 좇기보다는 하고 싶은 이야기에 집중해야 합니다. 내가 정말 원하는 건 무엇인지, 쓸 가치가 있는 내용은 무엇인지를 고민해야 하겠죠. 이러한 고민 없이 쓴 글은 문법적으로 완벽할지 모르지만 내용과 깊이에서는 아쉬운 부분이 많을 수밖에 없습니다.

예전에는 유학을 가려는 학생들에게 영어공부의 중요성을 강조했던 것 같습니다. 지금은 우리말 책을 최대한 많이 읽으라고 합니다. '완벽하지 않은' 글에 힘과 의미를 불어넣는 것은 조금 더 나은 영어라기보다는 깊이 있는 내용과 관점이라는 걸 깨달았기 때문입니다. 무작정 공부하기보다는 관련 지식을 쌓고 이에 기반해서 영어를 공략하는 것이 효율적입니다.

한 가지 질문을 해 보겠습니다. 저는 응용언어학을 공부하고 영어교육 분야에서 일합니다. 누구보다 멋진 글을 쓴다고는 할 수 없지만 해당 분야 논문을 영어로 쓰기도 하고, 관련 수업을 영어로 진행하기도 합니다. 미국인이나 영국인 가운데 이런 일을 해낼 수 있는 사람이 얼마나 있을까요? 아마 극소수일 겁니다. 그 분야를 공부한 사람만이 할 수 있는 일이니까요. 그렇다면 저는 그들보다 영어를 잘한다고 할 수 있나요? 비원어민인 제가 원어민보다 낫다고 할 수 있나요?

생각하면 할수록 저와 원어민을 비교하는 게 별 의미가 없음을 깨닫게 됩니다. 저는 제 삶에서 중요한 일들을 영어로 할 수 있을 만큼 훈련을 받았고, 그럭저럭 해내고 있습니다. 그거면 됐지요. 여러분도 자신이 하고자 하는 분야를 열심히 파고, 거기서 쓸 영어를 공부하면 됩니다. 굳이 원어민과 비교할 필요가 없다는 이야깁니다.

그래도 원어민과 비교를 해야겠다면, 이 점을 꼭 기억하세요. 사실 여러분이 많은 원어민보다 낫습니다. 적어도 미국을 보면 외국어를 하나도 못하는 사람이 꽤 많거든요. 그들은 우리보다 영어를 잘하는 게 아니라 '영어밖에' 못하는 겁니다. 하지만 여러분은 모국어인 한국어를 하는 데다가 영어를 '더' 하잖아요. 그들은 하나를 하는데 여러분은 둘을 하는 겁니다.

세상 모든 사람을 줄 세우고 영어 잘하는 사람과 못하는 사람을 나눌 필요가 없습니다. 영어도 가지가지이고, 영어를 잘하는 모양새 또한 각양각색입니다. 여러분이 원하는 삶에서 어떤 영어가 필요한지 생각해 보세요. 그 길에 정진하세요. 그러다 보면 여러분은 자기 영어를 하게 될 겁니다. 그걸로 충분합니다."

제 대답에 학생들은 무언가 골똘히 생각하는 얼굴이었습니다. 속마음은 알 수 없었지만, 그들이 '네이티브 되기'가 아니라 '더 나은 나'가 되기 위해 공부하길 바라는 마음이 간절했습니다.

바이링궐 : 완벽한 이중언어 구사자라는 신화

여러분이 생각하는 '바이링궐'bilingual(이중언어 사용자)은 어떤 사람인가요? 저마다 기준이 조금씩 다르겠지만, 제 주변을 보면 대개 '태어나서부터 또는 아주 어릴 때부터 두 언어에 노출되어 두 언어를 막힘없이 쓸 수 있는 사람'으로 보더군요. 예컨대 세 살 때 가족과 함께 이민을 떠나 미국에서 15년쯤 살아서 영어와 한국어 둘 다 유창한 친척 동생은 틀림없는 바이링궐로 봅니다.

그러면 이 경우는 어떤가요? A씨는 외국에서 유학한 적이 없어서 말할 때 '진한' 한국 발음이 나오지만, 업무 대부분을 영어로 처리할 수 있는 실력을 갖췄습니다. 십여 년 경험을 쌓으니 자기 분야 일에서는 전혀 어려움이 없습니다. 영어로 프레젠테이션을 하거나 협상하는 데도 두려움이 없죠. 한마디로 영어로 먹고사는 데 지장이 없는 사람입니다.

B씨는 해외에서 석사 공부를 마치긴 했지만 일상적인 토론이나 술자리 잡담에는 자신이 없습니다. 원어민 친구들이 영어로 유머를 구사하면 당황하기 일쑤입니다. 덕분

에 타이밍 맞추어 이해한 척 웃는 기술은 수준급이죠. 하지만 전공과 관련된 언어 구사 수준은 상당히 높습니다. 말이 막힘없이 터져 나오는 것은 아니지만 전공 과목은 영어로 강의할 수 있습니다. 풍부한 배경지식이 제한적인 영어 실력을 충분히 커버할 수 있는 상황입니다.

우리 사회에서 '바이링궐'은 언어학자들이 흔히 '균형 잡힌 이중언어 구사자'balanced bilingual라고 부르는 개념에 가깝습니다. 두 언어 모두를 고른 실력으로 자유로이 구사할 수 있는 경우입니다. 이렇게 균형 잡힌 바이링궐로 발달하기 위한 가장 좋은 조건은 부모가 서로 다른 언어를 사용하고, 아이와 각각의 언어로 소통하는 경우라고 알려져 있습니다. 집에서 식구들과 한 가지 언어를, 동네와 학교에서 또래들과 다른 언어를 사용하는 경우 또한 바이링궐로 성장하기에 적합한 환경입니다.

그런데 잘 살펴보면 균형 잡힌 바이링궐이라고 모든 상황에서 두 언어를 자유자재로 쓸 수 있는 것은 아닙니다. 제가 아는 한국어 – 영어 바이링궐은 고등학교까지는 거의 영어로 교육을 받았습니다. 그러니 공부와 관련된 어휘는 영어로 기억하고, 학과 주제를 이야기해 보라고 하면 영어로 말하는 게 훨씬 쉽다고 합니다. 아니, 한국어로 하라면 십중팔구 더듬거리게 되지요. 이 경우엔 한국 대학에서 우리말 에세이 과제를 제출할 때 어려움을 겪습니다. 영어로 쓰라면 그럭저럭 할 텐데 한국어로는 힘겨운 과제가 되는 것입니다.

이처럼 두 언어로 일상적인 소통을 문제 없이 할 수 있다고 해도 대개는 지식의 영역, 의사소통의 상황에 따라 한쪽 언어가 훨씬 편할 수밖에 없습니다. 모든 지식에 대해 두 언어로 자유자재로 논할 수 있거나, 두 언어의 코미디를 완벽하게 이해할 수 있는 바이링궐은 극소수입니다. 일상 대화에 필요한 표현과 교과 내용을 두 언어로 알고 있고, 읽기와 쓰기에서도 두 언어가 모두 편하다면 실로 놀라운 경지라 할 수 있지요.

그렇다면 한국 사회에서 영어를 써서 과업을 수행하는 사람들은 어떤가요? 앞에서 예를 든 A씨와 B씨는 '그냥 영어를 좀 잘할 뿐 바이링궐은 아니라고' 여겨집니다. 분명 비즈니스와 전공 분야의 영어 능력은 흔히 말하는 '바이링궐'보다 훨씬 뛰어난데도 말입니다.

그런데 재미나게도, 외국에서 오래 지내다 보니 한국어와 영어 모두 편하게 구사하지만 한국어 발음이 서툰 사람들이 '바이링궐'로 불리곤 합니다. 영어 발음의 후광이 강해서 한국어 발음의 어색함을 압도하는 것일까요? 그런 기준을 반대로 적용한다면 한국어와 영어를 구사하되 영어 발음이 조금 '서툰' 사람들도 분명 바이링궐이잖아요? 아무래도 언어 능력을 판단할 때 영어에 가산점을 주는 건 아닐까 하는 의구심이 드는군요.

많은 이가 바이링궐을 '모든 영역에서 두 언어를 자유자재로 구사할 수 있는 초능력자'라고 생각합니다. 하지만 이론적으로 또 경험적으로 분명한 것은 두 언어로 모든 일을 척척 해내는 바이링궐은 존재하지 않는다는 사실입니다.

그렇기에 우리 사회에서 '전지전능한 영어 – 한국어 바이링궐'의 탄생을 바라는 것은 헛된 꿈입니다. 해외 체류가 정답도 아니지요. 새로운 언어를 배우기 위한 이주에는 떠남의 상처, 현지 적응의 어려움, 언어 정체성의 혼란, 사회문화적 토양의 급격한 변화, 사회성 발달의 위기, 귀국 후 정착에서의 어려움 등이 반드시 뒤따릅니다.

이런 맥락에서 저는 바이링궐의 개념이 좀 더 기능적으로 정의되어야 한다고 생각합니다. 태어나면서부터 두 언어의 세례를 골고루 받은 이들만이 이중언어 구사자는 아닙니다. 언어를 충실히 공부해서 자기 영역에서 특정 외국어로 다양한 일을 무리 없이 해낼 수 있다면 곧 바이링궐 아니겠습니까. 좀 더 많은 분이 "나 영어 못하는데"가 아니라 "영어로 이만큼 해내다니 잘하고 있어" 하고 말하게 되길 바랍니다. 존재하지 않는 바이링궐을 부러워하기보다는 지금 이 땅에 존재하는 수많은 이들의 다언어 능력이 대우받았으면 합니다. 완벽한 바이링궐의 신화를 걷어 내고 많은 이가 '다언어 사용자'multilingual로서의 정체성과 자부심을 갖게 되길 기대합니다.

당신의 영어는 안녕하십니까?

언젠가 "당신의 스피킹은 안녕하십니까?"라는 광고를 본 적이 있습니다. '안녕한 스피킹'이 있다면 '안녕하지 못한 스피킹'이 있을 것입니다. 말하기가 안녕하다는 말이 무슨 뜻일까요? 이 질문은 이어 나오는 "진짜 네이티브처럼 영어 하고 싶은 당신"과 "원어민만 알아듣는 슬랭slang(속어, 은어)"이라는 문구와 연결되어 있습니다. 원어민처럼 이야기하지 못하고 원어민이 못 알아듣는 영어는 '안녕하지 못한 영어'가 되고 맙니다.

영국 언어학자 데이비드 크리스털의 추정에 따르면, 전 세계에서 영어를 모어로 사용하는 사람이 4억, 제2언어로 사용하는 사람이 4억, 외국어로 사용하는 사람은 6~7억 명쯤 됩니다. 즉 모국어가 아닌데 영어로 소통할 일이 있는 사람이 어림잡아 10~11억 명이라는 말입니다. 그렇다면 '원어민만 알아듣는 영어'를 공부하는 것은 효율성 면에서도 바람직하지 않습니다. 게다가 속어라면 더 말해서 무엇하겠습니까. 이런 데이터에도 불구하고 우리 사회에서 '네이티브'의 힘은 여전히 막강합니다.

제가 하는 영어는 네이티브와 똑같지 않습니다. 네이티브만 알아듣는 표현도 많이 알지 못합니다. 그렇다면 제 영어는 안녕하지 못하겠지만, 괜찮습니다. 그런 안녕을 묻는 거라면 대답 없이 가던 길이나 계속 가렵니다.

또 다른 광고 문구도 떠오릅니다. "너무 미안한데, 영어가 안 나와." 뭐 영어가 안 나와 미안할 수도 있습니다. 하지만 '너무 미안할' 필요는 없지요. 도리어 미안이 마케팅 포인트가 되는 사회가 개개인에게 심히 미안해해야만 합니다. 기타를 못 치거나 상냥한 미소가 안 나온다고 미안할 필요는 없잖아요? 영어도 마찬가지입니다.

어쩌면 소수자의 언어를, 이주노동자의 언어를, 다문화 어린이의 언어를 구사하지 못하는 것은 그리 미안하지 않지만 영어를 못한다는 사실에는 너무나 미안한 사회에 살고 있는 건 아닐까요.

광고는 때때로 우리의 불안을 파고듭니다. 열등감을 자극합니다. 비교와 경쟁을 부추깁니다. 무엇보다 속도를 강조합니다. 자본주의 사회에서 당연한 전략 아니냐고요? 하지만 불안감과 초조함 위에서는 결코 견실한 공부를 해나갈 수 없습니다.

외국어를 배운다는 것은 또 다른 세계로 가는 문을 여는 일입니다. 외국어 하나를 깊이 익히는 것이 우리의 삶에 가져오는 변화를 생각해 본다면 영어를 너무 쉽게 보아서는 안 됩니다. 여정이 길어 보인다고 한탄만 해서도 안 됩니다. 수많은 광고처럼 그렇게 쉽게 이뤄지는 공부는 없습니다.

광고의 유혹에 쉽게 넘어가는 까닭은 어쩌면 우리가 종착점만을 바라보기 때문일지도 모르겠습니다. '영어를 유창하게 구사하는 나', '영어를 잘한다고 인정받는 나', '영어로 업무를 능숙하게 처리하는 나'만을 그려 보기 때문인지도 모릅니다. 같은 소리를 반복해서 혀끝에 올리고, 썼던 문장을 고치고 또 고치는 과정을 건너뛰려는 얄팍한 욕심 때문인지도 모릅니다.

하지만 공부의 본령은 언제나 과정에 있습니다. 외국어 공부라고 예외는 아닙니다. 광고에 흔들릴 필요가, 조바심 내고 초조해할 필요가 없습니다. 하루하루의 공부 속에서 소박하지만 단단한 기쁨을 맛볼 수 있습니다. 한걸음 한걸음 나아가는 일. 공부에는 그 길뿐입니다.

영어 이름, 꼭 따로 필요할까?

"엄마, 저 조이라고 불러 주시면 안 돼요?"

"왜?"

"우조마카를 제대로 발음하는 사람이 아무도 없어서요."

"걔네들이 차이콥스키나 도스토옙스키, 미켈란젤로 같은 이름을 발음하는 법을 배울 수 있다면, 당연히 우조마카 발음도 배울 수 있어."

'Uzo Aduba never liked her name'이라는 유튜브

동영상에 나오는 대화 한 토막입니다. 저는 영어 이름을 가질 생각은 한 번도 안 해 봤습니다. 스스로에게 대단한 자긍심이 있다거나 언어와 정체성에 관해 진지하게 고민했던 건 아닙니다. 내 이름은 내 이름이고, 상대방이 부정확하게 발음해도 별 상관없다고 생각했을 뿐입니다.

사실 꽤 많은 영어권 화자가 제 이름 '성우'를 '쓩우'에 가깝게 불렀습니다. 발음을 고쳐 주다가 잘 안 되어서 "sing-sang-sung에서 마지막 sung에 가까워!"라고 억지 설명을 하기도 했죠. 물론 그 친구는 계속 나를 '쓩우'라고 불렀고요.

아이가 영어 원어민을 자주 만나야 하는 상황이라면 우조마카 어머니의 견해를 100퍼센트 수용하기 어려울 수 있습니다. 실제로 친구들이나 교사가 자기 이름을 잘못 부르는 경우가 많을 것이고, 그때마다 '왜 내 이름을 제대로 못 부르지? 영어 이름을 만들어야 하나? 내 이름이 너무 우습게 들려'라고 생각할지 모릅니다. 이런 경험이 쌓이면 의사소통을 하면서 심리적인 압박을 느낄 수밖에 없겠지요.

하지만 발음을 잘못하는 것은 그 이름을 발화하는 사람의 노력이나 상대를 대하는 태도, 언어 간 거리 등의 문제이지, 내 이름의 문제가 아니라는 점을 분명히 할 필요가 있습니다. 영어 모국어 화자가 발음하기 어려우니 당연히 영어 이름이 있어야 한다거나, 영어유치원에서는 반드시 영어 이름을 써야 한다는 생각은 자신의 이름, 나아가 서로 다른 언어의 권력관계에 대한 선입견을 은연중에 키울 수 있기 때문입니다.

언젠가 수업 중에 영어 이름 이야기가 나와서 한 학생 에게 물었습니다.

"혹시 영어 이름이 있나요?"

"네. 제니퍼요."

"아, 제니퍼. 이름이 마음에 들어요?"

"아무 생각이 없는데요?"

"왜요? 하하하."

"영어유치원 처음 간 날 선생님이 제니퍼가 어떠냐고 해서 그렇게 부르기로 했거든요."

"아아······."

서로 다른 문화적 배경을 지닌 이들이 만나는 다문화 커뮤니케이션 상황에서도 영어 이름이 무조건 필요하다는 생각은 위험합니다. 다문화적 경험이 급속히 증가하면서 발음이나 어휘, 문법 등 언어적 요인으로 인한 충돌이 일어나는데, 이때 중요한 것은 상호협상이지 일방적인 순응이 아닙니다. 그렇기에 '이름부터 부르기 쉽게 하자'는 생각은 정체성의 핵심을 이루는 호칭에서부터 협상을 포기하는 것으로 해석될 여지가 있습니다.

특정한 사회문화적 조건 때문에 생겨나는 영어 이름에 대한 욕망이나 사용 행태를 싸잡아 비난할 이유는 없습니다. 하지만 그 뒤에 숨어 있는 은밀한 힘에 대해서는 한 번쯤 생각해 봤으면 합니다. 한국에 거주하는 외국인들에게 "발음하기 쉽게 한국 이름 하나씩 지어 주세요"라고 요청하진 않으니까요.

그래서 너무나도 쉽게 "너 영어 이름 뭘로 할래?" 하고 묻는 부모나 교사가 그다지 좋아 보이지 않습니다. 만약 아이에게 영어 이름이 필요한 상황이라면, 함께 적당한 이름을 찾아보고 이름의 발음과 느낌, 숨어 있는 어원 등에 대해 이야기를 나누며 신중하게 선택하는 시간을 갖고 그 과정에서 뭔가 배워 나가면 좋겠지요.

발음 습득의 과학과 세계시민의 조건

인간의 뇌가 특정 언어의 발음을 인지하는 것은 언제부터일까요? 자궁에서 경험한 언어가 출생 후 언어 인식에는 어떤 영향을 미치는지, 스웨덴과 미국 두 나라의 아기를 대상으로 한 연구가 있습니다. 놀랍게도 태어난 지 몇 시간되지 않는 아기도 모국어와 외국어의 발음을 구별해 낼 수 있다는 결과가 나왔습니다. 어머니 뱃속에서부터 모국어 소리에 대한 감을 익힌다는 이야기입니다.

음성 발달 분야의 권위자인 패트리샤 쿨 교수는 아이가 아무 어려움 없이 어떤 언어든 습득할 수 있는 연령을 만 1세쯤으로 보았습니다. 흔히 생각하는 발음 습득의 결정적 시기를 훌쩍 앞서는 때입니다.

영어는 L과 R 발음 구별이 중요한 언어이지만, 일본어는 그렇지 않습니다. 생후 6~8개월 아기는 어느 나라에서 태어났든 두 발음을 쉽게 구별합니다. 그런데 10~12개월에 접어들면서 다른 양상이 나타나기 시작합니다. 일본 아기는 L/R 구별 능력이 현저하게 떨어지지만, 미국 아기는 훨씬 더 구별을 잘하게 되지요.

쿨 교수는 이것을 '세계시민'과 '특정 국가 국민'이라는 비유로 설명합니다. 생후 6~8개월 아기는 어떤 나라의 음성 체계도 자연스럽게 발달시킬 수 있는 세계시민이지만, 10~12개월 이후의 아기는 한 나라의 국민으로 편입된다는 뜻입니다.

이처럼 발음에 있어 '세계시민권'을 획득하기란 매우 어렵습니다. 초등학교 이후 영어를 배운다면 세계시민이 되는 것은 더더욱 힘들어집니다. 저명한 언어교육학자이자 어휘 연구자인 폴 네이션은 저서 『제2언어/외국어로서의 영어 듣기와 말하기 교수법』Teaching ESL/EFL Listening and Speaking에서 연령이 높아짐에 따라 강한 외국어 억양을 갖게 될 수밖에 없는 이유를 세 가지로 설명합니다.

먼저 신체적 이유입니다. 나이가 들수록 뇌의 유연성이 떨어져 새로운 언어의 소리를 구별하거나 만들기 힘들어진다는 설명이죠. 이른바 '뇌가 말랑말랑한' 시기가 그리 길지 않기 때문입니다.

두 번째는 모국어 지식 때문입니다. 모국어가 주요 언어 체계로 두뇌에 자리를 잡고 있기에 새로운 체계를 들이기 어려워집니다. 위에서 예를 든 L/R 발음의 경우, 일본어가 모국어인 화자는 나이가 들수록 두 소리의 구별도 발음도 힘들어집니다.

마지막은 심리적 이유입니다. 이 설명에 따르면 발음은 단순한 기능이 아니라 성격을 구성하는 주요 요소입니다. 따라서 새로운 발음을 익히는 일은 언어 기능의 습득을 넘어 정체성을 변화시키는 작업이 됩니다. 일부 학습자들이 원어민 발음을 무작정 따라 하기를 거부하는 데에는 바로 이러한 심리적 요인이 자리 잡고 있습니다.

이처럼 해당 언어 원어민과 같은 발음과 억양을 습득하기란 매우 어렵습니다. 하지만 여기서 한 가지 중요한 질문이 제기됩니다. 우리는 꼭 원어민과 같은 발음을 가져야만 할까요?

한국식 억양이 좋은 이유

이른바 '순수 국내파'였지만, 영어에 상당한 소질을 보인 학생이 있습니다. 어려서부터 영어에 재미를 붙여 꾸준히 공부했고, 영어로 된 책을 스스로 찾아 읽었습니다. 중학생이 되자 미국의 한 명문대에서 열리는 영어캠프에 참여했습니다.

캠프 수업이 시작되고 며칠이 지나, 한 교수가 영어공부에 대한 궁금증과 고민을 풀어 주려 개별 상담을 했습니다. 교수가 영어공부에서 가장 고민이 되는 부분을 묻자 학생은 주저 없이 "한국식 억양이요!"라고 대답했습니다. 교수는 깜짝 놀라며 이렇게 답했습니다.

"네 발음은 명료하고 알아듣기 쉬워. 한국어 억양이 조금 느껴지긴 하지만 미미할뿐더러 소통에 전혀 지장이 되지 않아. 오히려 네 정체성을 잘 드러내 주는 강점으로 생각되는데?"

이 말에 학생은 머릿속이 더 복잡해졌습니다. 하지만 발음에 대한 고민은 확실히 줄어들었습니다. 수년간 지고 있던 영어공부의 큰 짐을 내려놓게 되었죠.

혀를 살짝 말아야 하는 R 발음을 잘하려고 혀 밑동을 절개하는 야만적 수술은 사라진 것 같습니다. 하지만 영어로 태교를 한다는 이야기가 심심찮게 나오는 걸 보면 영어 실력의 기준은 '원어민 발음'이라는 신화는 여전히 맹위를 떨치고 있는 듯합니다.

좋은 발음을 위한 훈련은 반드시 필요합니다. 하지만 스스로 불가능한 기준을 만들고 괴로워하거나, 불가능한 목표를 이루지 못했다고 남을 깔봐서는 안 되겠지요. 발음은 의사소통을 위해 필요한 도구일 뿐입니다.

내 영어에 배어든 한국어 억양, 그저 나라는 존재의 일부로 인정하면 됩니다. 태어나고 자란 삶의 터전, 우리를 키워 낸 이들과 소통하며 미세하게 조정된 안면 근육과 구강 구조, 한국어에 최적화된 뇌 구조와 기능 등을 단번에 날려 버릴 수는 없습니다. 그럴 필요도 없고요. 우리와 평생 함께한 발음을 미워하거나 업신여기지 않았으면 합니다.

네이티브 이데올로기, 네이티브의 윤리
그리고 소통의 쌍방향성

은밀한 것과의 싸움은 늘 어렵습니다. 못된 짓을 하고 돌아다니는 악당이야 잡으면 그만이지만, 오랜 시간 사람들의 마음에 자리 잡은 '상식적 믿음'에 저항하기는 힘들죠.

영어 및 외국어 교육 전반에서 가장 강력한 신념은 아

마도 '언어의 기준은 원어민'이며, '언어 사용의 적법성을 판단할 수 있는 권한은 원어민 집단에 있다'는 생각일 것입니다. "네이티브처럼 말하기"나 "네이티브 되기"와 같은 마케팅 슬로건에, 표현에 관한 질문이 있을 때 서슴없이 원어민에게 물어보라고 말하는 장면 속에, '진짜 영어와 가짜 영어'라는 이분법 속에 네이티브 이데올로기는 엄연히 살아 있습니다.

좀 더 들여다보면 이는 한국어의 소유권은 한국인에게 있고, 불어의 주인은 프랑스인이라는 생각에 닿아 있습니다. 나아가 다른 이들은 주인이 지정한 규칙에 충실히 따라야만 해당 언어를 사용할 수 있다고 여깁니다. 로마에 가면 로마법을 따라야 하듯, 해당 언어를 배우려면 반드시 그 언어의 모국어 화자처럼 배워야 한다고 말입니다.

자전거에 비유해 보겠습니다. 여기 누구든지 자유롭게 쓸 수 있는 공용 자전거가 있습니다. 그렇다면 누가 이 자전거를 타건, 어떤 방식으로 타건 다른 사람은 간섭할 수 없습니다. 빠르게 타건 느리게 타건 엉덩이를 들고 타건 그건 타는 사람이 알아서 할 일이지요. 자전거로 마당을 돌건 전국을 일주하건 타는 사람이 결정하면 됩니다. 하지만 내 자전거를 빌려주는 것이라면 조건을 달 수 있습니다. 흙밭에서는 타지 않았으면 좋겠다거나 너무 먼 곳까지 가진 않았으면 좋겠다고 말할 수 있겠죠. 짐받이를 달거나 몸체에 페인트를 칠하는 것도 금할 수 있습니다. 내 자전거니까 내가 사용 조건과 규칙을 제시할 수 있습니다.

그렇다면 영어는 누가 소유하고 있을까요? 사실 이 질문을 던지는 순간 언어의 소유권과 관련된 주장이 가진 논리는 스스로 무너지는 듯합니다. 영어는 사실상 국제어이자 세계어의 역할을 하고 있으며, 영어를 모국어로 사용하는 사람보다 의사소통을 위한 공통어로 사용하는 인구가 훨씬 더 많기 때문입니다. 비영어권에서 소통과 무역 등을 위해 영어가 얼마나 많이 쓰이고 있습니까? 이런 상황에서 "영어는 네이티브처럼 해야 한다"거나 "영어 규칙은 네이티브에게 물어봐"라는 말의 근거는 뿌리부터 흔들립니다.

원어민 중심주의와 표준어 그리고 사회적 차별

한국어에서 서울말 중심주의, 외국어 특히 영어교육에서 원어민 중심주의는 은밀한 차별의 근원입니다. 더 심각한 것은 이 같은 이데올로기를 내면화하여 '원어민처럼 말 못하는 자신'이 열등하다고 느끼는 일입니다. '아름다움이 나를 멸시한다'라는 소설 제목이 떠오르는 상황이죠.

'Ugly pronunciation'(추한 발음)이라는 표현이 나온 걸 보면 제 말이 단순한 억측은 아닐 듯합니다. 제가 직접 겪은 일이 있습니다.

지하철을 타고 집에 돌아오는 길이었습니다. 바로 옆 자리에 앉은, 외양은 한국인이지만 미국 영어 원어민 발음을 가진 청년 둘이서 이런 얘기를 나누더군요. "Are you talking about those Chinese people?"(그 중국 사람들 얘기하는 거야?) "Yeah, their pronunciation is, just, so, ugly."(그래, 발음이 그냥 너무 구리네.)

화가 났지만 모르는 사람들에게 따질 수는 없었습니다. 그냥 마음속으로 쏘아붙일 뿐이었죠. '왜 그리 못났냐. 너희들 마음이 진짜 추하다.'

한국의 영어학습자는 '네이티브'가 될 수 없는 사회문화적·경제적·생물학적 조건에 처해 있습니다. 그런데도 원어민처럼 말하지 못하는 사람을 경시하는 것은 얼마나 우스꽝스러운 일인가요. 한국어 원어민 화자로 살아가면서 다른 언어의 원어민이 되지 못하는 것은 당연합니다. 영어 실력이 하늘에서 떨어지는 게 아니라 우리 몸에 새겨지는 것이라는 사실을 고려할 때, 원어민에 대한 선망과 선동은

교육적이지도 과학적이지도 않습니다.

누군가 소위 '네이티브의 발음과 언어 능력'을 갖게 되었다면 그건 그들의 운이고, 사회경제적 자본의 힘입니다. 그 능력 가지고 좋은 일 하면서 즐겁게 살면 됩니다. 우리 사회는 이미 그런 능력에 대해 충분한 물질적·문화적 보상을 해 주지 않던가요.

언어학습의 목표는 네이티브 = 소통 실패는 학습자 탓?

네이티브 이데올로기와 동전의 양면을 이루는 현상이 있습니다. 바로 소통의 부담을 오로지 학습자에게 전가하는 태도와 관행입니다. 원어민이 알아듣지 못하는 것은 순전히 학습자의 책임이라는 믿음이 바탕에 깔려 있죠.

물론 상대가 말 한마디 못하는 사람이라면 원활한 소통이 일어날 수 없습니다. 최소한의 의사소통 능력은 반드시 필요하다는 데 누구나 동의하고요.

그런데 영어의 경우에는 비원어민에 대한 기대가 유난히 높습니다. 영어를 잘하는 게 당연하다는 생각이죠. 소통에 문제가 생기면 그 책임은 고스란히 '영어를 제대로 못하는 사람'에게 돌아갑니다.

이런 생각은 소통은 언제나 쌍방향이라는 커뮤니케이션의 기본 원리와 정면으로 배치됩니다. 같은 모어를 쓰는 사람 간의 소통이건, 원어민과 비원어민 간의 소통이건, 소통은 언제나 주고받음입니다. 일방향 소통은 없습니다. 당연합니다. 소통이란 여러 사람들이 경험과 생각을 교환하는 행위니까요.

소통의 쌍방향성과 네이티브의 윤리

그렇다면 소통의 성공은 공동의 책임입니다. 한 사람에게 전가될 수 있는 게 아니라는 말입니다. 어떤 상황이건 소통은 함께하는 것입니다. 양육자는 아이와 소통하기 위해 천천히 또박또박 말합니다. 외국어 교사는 학생들의 이해를 돕기 위해 특정 부분을 길게 발음하기도 하지요.

여기서 우리는 '네이티브의 윤리'를 생각해 보아야 합니다. '학습자/비원어민으로서의 책임'이 아니라 '네이티브로서의 책임'을 생각해 보자는 것입니다. 우리는 한국어가 서툰 사람과 이야기를 나눌 때 종종 '심판자' 역할을 맡습니다. '이거 틀렸군', '저건 우습네', '저런 표현을 도대체 누가 쓰나?', '어휴 2년 넘게 살았다면서 뭐 이따위야?' 이런 생각이 들 때가 있습니다.

외부 자극에 순간적인 판단을 내리는 것은 인간의 본성입니다. 말벌이 날아오면 피하고, 우스꽝스러운 발음을 들으면 풋 하고 웃게 되지요. 많은 사람이 영국 배우 스티븐 프라이나 베네딕트 컴버배치가 낭독한 오디오북을 듣자마자 큰 매력을 느끼는 것은 이상한 일이 아니죠.

하지만 거기서 끝난다면 파블로프의 개가 침을 흘리듯 기계적 자극 – 반응의 노예가 되는 셈입니다. 매력적으로 들리는 발음이 왜 그렇게 느껴지는지 생각해 볼 때 우리가 특정 발음을 대하는 편향된 시각을 자각할 수 있습니다. 매력적인 발음은 본래부터 우월한 것이 아니라, 언어를 둘러싼 정치와 경제, 미디어와 산업, 교육과 출판이 만들어 낸 거대한 신화의 일부입니다. 우리 모두는 각자의 발음과 억양을 갖고 있습니다. 그렇다면 우리는 한국어 원어민으로서 비원어민과 소통할 때 우월하다고 느낄 이유도 자격도 없습니다. 반대로 영어로 영어 원어민과 이야기할 때 열등감을 가질 필요도 없겠지요.

비원어민은 죄인이 아닙니다. 원어민은 벼슬이 아니고요. 그저 우리가 처한 삶의 다양한 양태일 뿐입니다. 괜히 쪼그라들 필요는 없습니다. 영어학습자로서는 계속 배우면서 조금씩 나아지면 됩니다. 한국어 원어민으로서는 누군가를 도울 일이 있다면 최선을 다해 도우면 되고요.

결국 말을 배우는 것은 깊은 소통을 통해 더 나은 인간이 되기 위함입니다. 원어민처럼 말하느냐 아니냐를 따지기 이전에 커뮤니케이터로서 어떤 태도를 가지고 살아가는지 돌아보아야 할 이유입니다.

Chapter 3 :

인풋이 아니라 경험이다

공부의 양이 아니라 경험의 깊이가 말을 알게 합니다.

인풋이야, 인풋!

"영어는 딴 건 필요 없어. 인풋이야, 인풋."

"무조건 많이 들어. 무조건 많이 읽어. 그래야 늘어."

"공부보다 노출을 더 많이!"

이런 얘기 한 번쯤은 들어 보셨을 겁니다. 스치듯 지나치는 말이지만 여기에 우리 영어교육의 지배적 패러다임이 담겨 있습니다. 바로 '인풋input이 모든 것을 결정한다'는 생각입니다. 영어는 영어로 배워야 하고, 영어에 많이 노출될수록 영어를 잘하게 되며, 다른 길은 없다는 말이지요.

이에 따르면 수업 시간에 한국어 사용은 최소한으로 줄여야 합니다. 대학 전공과목 강의도 영어로 진행하는 것이 좋습니다. 끊임없이 무언가를 듣고 있으면 언젠가 소리에 익숙해지면서 귀가 뻥 뚫리는 마법이 펼쳐지기도 합니다. 인풋은 영어공부의 성패를 좌우합니다.

외국어 학습에서 언어 인풋의 중요성을 폄하하는 사람은 없을 것입니다. 기타를 직접 쳐 보지 않고 기타를 배울 수 없고 물에 들어가지 않고 수영을 배울 수 없듯이, 말을 접하지 않고서 말하는 법을 배울 수 있다고 우길 수는 없으니까요. 그런데 잘 생각해 보면 '영어는 인풋'이라는 말은 동어반복에 가깝습니다. '인풋'이라는 건 내가 배우려는 언어 자체거든요. 언어를 배우는 데 있어 언어가 가장 중요하다는 말에 반기를 들 수는 없습니다. 너무나도 당연한 이야기니까요.

인풋이 그토록 중요하다면 영어공부의 모든 것을 해결해 줄까요? 풍부한 인풋은 영어학습을 위한 필요충분조건일까요? 인풋의 중요성을 설파한 대표적인 학자는 스티븐 크라센입니다. 그렇지만 그의 가설이 생겨난 사회문화적·언어적 환경과 우리 영어교육 환경은 사뭇 다릅니다.

일단 외국어 학습에 대한 크라센의 핵심 주장을 살펴

보겠습니다.

첫째, '누구나 같은 방식으로 언어를 배운다'는 주장입니다. 크라센은 "팔꿈치로 보는 사람은 없다"고 말한 바 있지요. 손으로 호흡하거나 귀로 소화시키는 사람이 없듯 언어 습득도 누구나 똑같은 방식, 한 가지 메커니즘으로 해나간다는 뜻입니다. 이를 영어에 적용해 보면 부자이건 빈자이건, 아시아인이건 유럽인이건, 지식노동자이건 운동선수이건 모두 같은 방식으로 영어를 배운다는 주장에 이릅니다. 그야말로 '외국어 앞에서 모두가 평등하다'는 말이 되는군요.

둘째, 언어학습의 핵심은 '언어에 담긴 메시지의 이해'에 있다고 봅니다. 사람들은 언어의 내용을 이해함으로써 언어를 배웁니다. 다른 방식은 없습니다. 문법이나 발음, 언어의 형태를 배우는 것도 중요하지만 이는 언어학습에서 부차적인 요소이며, 이해할 수 있는 메시지를 계속 접하는 것, 이것이 외국어 습득의 핵심이라는 주장입니다.

셋째, 크라센은 학습자가 소화할 수 있는 메시지를 '이해 가능한 인풋'이라고 부릅니다. 인풋은 이해 가능해야만 언어학습에 도움을 줄 수 있다고 주장하지요. 따라서 이해되지 않는 자료를 열심히 보거나 듣는 일은 그 무엇보다 인풋을 강조하는 크라센이 보기에도 시간 낭비일 뿐입니다. 이해하건 못하건 인풋에 무조건 노출되어야 한다는 것은 언어학습에서 추방되어야 할 생각입니다. 소리에 익숙해지다 보면 어느 순간 귀가 뚫린다는 세간의 '썰'은 그야말로 도시전설에 불과합니다.

넷째, 언어학습 초기부터 말하려고 노력하는 것은 적절하지 않다고 여깁니다. 처음부터 말하고 쓰려 하기보다는 이해 가능한 언어를 충분히 접하는 것이 좋고, 자기 수준보다 조금 높은 자료를 자주 접하다 보면 말하기가 자연스럽게 따라 나온다는 주장입니다. 크라센은 '창발'emerge 이라는 단어로 이 과정을 설명합니다. 그는 창발을 위해 필요한 노출 시간, 즉 창발을 일으킬 수 있는 언어의 축적을 무시한 말하기 연습은 큰 효과가 없다고 보고 있습니다. 또한 모국어 습득 초기의 '아동의 침묵기' 자체를 가치 있게 보는데, 모국어 발달에 있어서도 주변 어른들에게서 '흡수하는' 언어가 말의 토대가 된다는 점에 주목했습니다. 말할 줄 모르는 아기에게 자꾸 말을 하라고 시키는 게 도움이 되지 않듯, 외국어를 처음 배우는 사람에게 말하기를 강요하는 것은 별 효과가 없다고 설명합니다.

인풋이 중요하다는 점에는 누구나 동의할 수밖에 없

습니다. 그렇기에 논쟁의 핵심은 인풋이 중요한지 여부가 아니라 '인풋이 외국어 학습의 필요충분조건인가?'입니다. 크라센은 그렇다고 주장했지만, 이후 학자들의 강한 반론에 부딪힙니다. 이는 제2언어 습득 연구와 이론의 발달에 있어 주요한 논쟁거리입니다. 관련 논의를 이해하기 위해서는 크라센의 주장을 좀 더 들여다볼 필요가 있습니다. 『제2언어 습득의 원리와 실제』Principles and Practice in Second Language Acquisition에서 크라센이 제시한 다섯 가지 가설을 하나씩 살펴보면서, 우리에게 필요한 영어공부란 어떤 것인지 생각해 보려 합니다.

'학습'하지 말고 '습득'하라?

첫 번째 가설은 '습득-학습 구분acquisition-learning distinction 가설'입니다. 크라센은 습득과 학습이 다르다고 가정합니다. 조금 다른 게 아니라 전혀 다르고, 아예 겹치는 부분이 없다고 합니다. 또한 습득과 학습은 '서로 구별되는 독립적인' 과정이며, 이는 자신의 이론에서 기본을 이루는 전제라고 밝힙니다.

　습득의 대표적인 예가 모국어를 배우는 과정입니다. 아동의 언어 습득은 무의식적으로 일어납니다. "자, 이제 엄마 뱃속에서 나왔으니 본격적으로 한국어를 배워 볼까?" 하고 작정하는 일은 없죠. 주변 언어 환경에 자연스럽게 노출되고, 자신의 필요를 어떻게든 알리려 애쓰고, 다양한 의사소통 상황에 끊임없이 던져지면서 모국어를 배우게 됩니다. 이런 면에서 아동의 언어 습득은 말을 배우기 위해 연습하고 노력한 게 아니라 살다 보니 말이 되는 과정이라고 할 수 있습니다.

　학습의 과정은 이와 전혀 다릅니다. 교실이나 학원에서 외국어를 배울 때가 대표적인 상황이죠. 어학원에 등록했다고 해 봅시다. 회화를 배우려고 원어민 반을 골랐죠. 이제 수업에 들어가면서 이런저런 기대를 할 겁니다. 강사가 하는 말을 이해하려 애쓰고, 어떤 어휘나 문법, 관용어를 쓰는지 관심을 가질 것입니다. 학습이란 이렇게 의도적인 배움의 과정입니다. 한국인으로 태어난 아동이 한국어를 습득하는 과정과 다를 수밖에 없습니다.

　'습득-학습 구분 가설'은 당시 획기적인 주장으로 세간의 이목을 끌었지만, 이후 외국어 교사 및 연구자 들은 적지 않은 비판을 가했습니다. 주요한 비판 두 가지는 다음과 같습니다.

첫째, 습득과 학습 사이에 정말 겹치는 부분이 없을까 하는 점입니다. 학습을 하려 하지만 자기도 모르게 습득이 되는 경우, 반대로 습득 과정에서 의식적인 노력으로 무언가를 배우게 되는 경우는 없겠느냐는 질문이 제기될 수 있습니다. 학습된 내용이 연습을 거치고 자동화되면서 습득된 것이나 다름없는 효과가 나타난다는 주장이 힘을 얻기도 합니다.

둘째, 영어를 온전히 외국어로 배우는 상황에서 습득만을 고집하는 게 현실적일까 하는 질문입니다. 한국에서는 영어를 자연스럽게 습득하는 환경을 조성하기가 불가능하다는 점을 고려하면 타당한 문제 제기라고 할 수 있습니다. 외국어를 배울 때 우리는 보통 해당 언어의 기초 문법과 어휘를 우선적으로 공략합니다. 일상에서 영어를 쓸 일이 거의 없는 우리 상황에서 학습은 매우 자연스러운 선택입니다. 조직적이고 의도적인 학습을 일부러 배제하는 것은 이치에 맞지 않을뿐더러 효율적이지도 않습니다.

이들 반론에 크라센은 명확한 답을 내놓지 못합니다. 개념적으로야 학습과 습득을 구분할 수 있을지 모르지만 실제로 그 경계를 확연히 가를 수 없다는 점, 둘을 구분한다 하더라도 현실적으로 습득만을 고집할 수는 없다는 점은 명확합니다.

외국어 습득엔 순서가 있다?

크라센이 세운 두 번째 가설은 영어를 누가 배우든지 일정한 순서를 따른다는 '자연순서natural order 가설'입니다. '자연순서'란 교육이나 훈련과 같은 특별한 개입이 없을 때 언어를 습득하는 순서로 이해할 수 있습니다.

자연순서 가설은 1970년대 제2언어 습득 연구의 큰 줄기를 이루었던 문법형태소 습득에 관한 연구에 기반합니다. 하버드대학 사회심리학 교수 로저 브라운이 이 분야 연구의 물꼬를 텄고, 이후 연구자들은 영어를 외국어로 배우는 사람들이 그들의 모국어와 관련 없이 비슷한 순서로 문법형태소를 습득한다는 점을 밝혀냈습니다. 그 순서는 대략 다음과 같은데, 번호순으로 습득되며 같은 번호 안에서는 순서가 바뀔 수 있습니다.

(1) 현재진행형 ~ing / 복수형 / '~이다'의 의미를 지닌 be 동사(She is rich.)

(2) 현재진행형을 만드는 조동사 역할의 be 동사(He is running.)

(3) 관사 a와 the

(4) 동사의 불규칙 과거형

그런데 이를 우리 상황에 그대로 적용하는 데는 무리가 있습니다. 가장 큰 이유는 이들 연구 대부분이 영어를 일상으로 사용하는 제2언어 환경에 기반하기 때문입니다. ESL과 EFL이라는 용어를 많이 들어 보셨죠? 한국어를 모국어로 하는 화자가 중학교 때 미국으로 이민 가서 영어를 배웠다면 영어는 ESL(English as a Second Language), 즉 제2언어가 됩니다. 그렇지만 우리 대부분이 처한 상황은 영어를 일상어가 아닌 외국어로 쓰는 EFL(English as a Foreign Language) 환경입니다. 게다가 개개인이 처한 학습 환경도 상당히 다릅니다. 서너 살부터 영어를 배우는 사람과 초등학교에서 영어를 시작하는 사람의 습득 순서가 같을까요? 지금은 거의 모든 국민이 영어를 배우지만, 그렇지 않왔던 세대가 인생의 말년에 영어를 배우는 경우는 어떨까요? 놀이와 애니메이션으로 영어를 꾸준히 접한 학습자와 문법서의 단원을 하나하나 '클리어'한 학습자가 같은 습득 과정을 거칠까요?

예를 들어 (3) 관사 a와 the 습득을 생각해 봅시다. 크라센에 따르면 관사는 (4) 동사의 불규칙 과거형 이전에 습득되어야 합니다. 하지만 이런 추론은 현실과 전혀 맞지 않습니다. 여러 연구자들은 한국인이 영어 발달단계의 마지막까지 제대로 습득하지 못하는 문법 요소로 관사를 꼽습니다. 제 경험에 비추어 보아도 관사를 올바로 쓰는 것을 굉장히 힘들어하는 학습자가 많습니다. 이에 비해 동사의 불규칙형은 어렵지 않게 배우는 편이고요.

결론적으로, 제2언어로서의 영어 환경과 외국어로서의 영어 환경이 근본적으로 다르다는 것을 고려할 때 한국에서 자연순서 가설은 지지를 받기가 어렵습니다.

어떤 인풋이어야 하는가?

크라센의 제2언어 습득 이론의 세 번째 가설은 '인풋 가설'로, 전체 이론의 중심을 이룹니다. 인풋 가설에서는 현재 학습자가 의문문, 부정문 등의 문법 영역에서 위치한 발달단계를 i로 표시합니다. 다음 단계는 i+1로 표시하는데, +1에서 유추할 수 있듯이 학습자의 현재 수준보다 한 단계 높은 난이도를 뜻합니다.

학습자가 i에서 i+1로 넘어가는 메커니즘이 인풋 가설의 핵심입니다. 그런데 아쉽게도 i와 i+1을 정하는 기준을 상세히 다루지 않은 바람에 후대 학자들에게 두고두고 비판받지요. 크라센이 말한 단계를 높이는 방식은 한 가지입니다. "i단계에서 i+1단계로 갈 수 있는 (충분조건은 아니지만) 필요조건은 i단계 학습자가 i+1 단계의 인풋을 이해해야 한다는 점이다. 여기에서 '이해'라 함은 언어를 습득하는 사람이 해당 인풋의 형태가 아니라 의미에 초점을 맞추는 일을 말한다."

쉽게 풀어 볼까요? 학습자가 한 단계에서 다음 단계로 올라서려면 "오늘은 관계대명사 what의 용법을 공부하자"

와 같이 문법을 배우는 방식은 통하지 않습니다. 이렇게 형태에 집중하는 것은 단계를 올리는 데 소용이 없습니다. 진짜 실력을 높이고 싶다면 자신의 수준보다 살짝 높은 수준의 문장을 접하면서 자연스럽게 의미를 파악해야 합니다. 다시 말해 현재 단계에서 다음 단계로의 도약은 '이해 가능한 인풋'을 통해서만 가능합니다.

'이해 가능한 인풋'을 활용한 언어학습은 종래의 문법번역식 교육에서 강조하던, 문법을 쪼개어 차근차근 배우는 접근법과는 사뭇 다릅니다. 문법번역식 교육에서는 외국어를 배우는 가장 중요한 활동으로 해당 언어의 문법 체계를 철저히 익히고 텍스트를 꼼꼼히 해석하는 연습을 내세웁니다. 이 방법의 영향을 받은 문법서들은 '부정사, 동명사, 분사', '관계대명사', '대명사' 등의 문법 항목을 세밀하게 분석하여 하나하나 가르쳐 주는 방식을 택합니다.

크라센에 따르면 이런 접근은 언어학습에 대한 몰이해에 근거합니다. 그는 i에서 i+1로 올라서려면 문법 형태가 아니라 문장의 의미에 집중해야 한다고 말합니다. 즉 커뮤니케이션 속에서 메시지를 자연스럽게 주고받는 것이 유일한 길입니다. 그렇기에 '이해 가능한 인풋'을 통해 언어를 습득해야 할 시간에 문법을 가르치는 것은 옳지 않다고, 문법 교육은 과대평가되었으며 종종 해롭기까지 하다고 주장하고 있지요.

문법의 역할과 한계

그렇다면 문법을 열심히 공부하는 일은 백해무익할까요? '그렇지는 않지만 그 쓰임은 매우 제한적'이라고 크라센은 답합니다. 의식적으로 학습한 문법 구조 및 형태는 실시간 의사소통 상황에서는 활용될 수 없고, 그저 모니터링을 위한 도구로 사용될 뿐이라는 주장으로, 그의 네 번째 가설인 '모니터 가설'입니다.

모니터 가설에 따르면 교실에서 배운 문법은 자연스럽고 즉각적인 발화를 만들어 내지는 못하고, 이미 발화한 문장을 점검하는 역할만 합니다. '3인칭 주어의 현재형 문장에는 3인칭 단수 동사를 써야 한다'는 규칙을 배웠다고 해서 "He likes an apple"이 자연스럽게 발화되진 않지요. 하지만 "He like an apple"이라고 발화한 뒤, "아, 맞다. 3인칭 단수니까 s를 붙여야 했는데"라며 이미 말한 내용을 돌아볼 때 쓰일 수는 있습니다. 생각할 시간이 확보되는 쓰기 활동에서도 일정 역할을 할 수 있겠지요. 결론적으로 많은 영어학습 프로그램이 강조하는 문법 교육은 기껏해야 언어의 쓰임을 점검하는 역할을 할 뿐 주도적인 역할까지는 못 한다는 주장입니다.

외국어에 자연스럽게, 많이 노출되는 것이 좋다는 생각에 반대하는 교육자나 학습자는 없을 것입니다. 자기 수준에 맞는 언어 재료를 광범위하게 접하는 일이 나쁠 턱이 없지요. 하지만 "공들여 문법을 배우고 문장 구조를 파악하는 연습을 하는 게 별 소용이 없을까" 하는 질문은 여전히 남습니다. 이는 "문법 교육과 자연스러운 소통을 이분법적으로 가르는 것이 올바른 접근법인가"라는 질문과 맞닿아 있습니다.

크라센이 비판한 형태중심 교육, 즉 문법 교육으로 돌아와 봅시다. 문법은 언어를 쪼개어 가르칩니다. 그냥 듣고 말하고 읽고 쓰는 게 아니라 분석하며 언어를 배우게 되지요. 분석하며 배운다고 해서 '가정법'이나 '분사 구문'같이 어려운 용어를 쓸 필요는 없습니다. 어떤 자리에 올 수 있는 대명사를 번갈아 보여 주거나 다양한 문제를 풀어 보는 방식으로 문법을 배울 수도 있지요.

이번에는 발음과 읽기 영역을 생각해 볼까요. 소리와 문자의 대응관계를 알려 주는 파닉스phonics를 배울 때 우리는 자연스러운 경험보다는 지적 능력의 동원을 강조합니다. 계속 듣기만 하는 게 아니라 특정한 소리와 특정한 문자가 연결되는 다양한 방식을 체계적이며 의식적으로 익힙니다. 반복해서 소리에 노출시키는 학습법이 있다면, 소리와 문자가 대응하는 방식을 분류하고 이를 논리적이고 분석적으로 이해하는 학습법도 있는 것이죠.

문장을 익힐 때도 마찬가지입니다. 해당 문장을 무조건 듣고 따라 하면서 의미를 이해하려고 할 수도 있지만, 어순이나 관계대명사절을 논리적으로 이해하려 노력할 수도 있습니다. 사전을 찾지 않고 책을 읽어 내려가는 다독 전략이 있다면, 주요 문단을 읽고 단어와 문법을 꼼꼼히 공부하는 읽기 전략도 가능합니다.

이런 두 가지 학습 방식, 즉 메시지에 초점을 맞추며 언어에 자연스럽게 노출되는 일과 의식적으로 공들여 분석하는 일은 결코 상반된 방법이 아닙니다. 특히 우리나라와 같은 EFL 환경, 언어 경험이 절대적으로 부족한 외국어 학습 상황에서 지적이고 논리적인 이해는 인풋 부족을 보완하는 강력한 도구가 될 수 있습니다. 모국어를 배운다면 문법 공부나 소리 분석은 필요가 없습니다. 그냥 사는 게 말 공부이고 이게 쌓이다 보면 말이 되니까요. 하지만 외국어는 다를 수밖에 없습니다. 인풋이 부족한 상황에서는 최대한 '머리를 써서' 학습의 효율을 높여야 하겠지요.

크라센의 인풋 가설과 모니터링 가설은 '자연스러운 소통'이 모든 것이라고 말하며 오로지 그 길밖에 없다고 주장하는 우를 범합니다. 하지만 영어를 수십 년 공부하고도 관사와 전치사의 덫에서 벗어나지 못하는 많은 학습자에게 "의미를 주고받는 소통이면 충분하다"고 말할 수 있을까요? 관사와 전치사를 접하지 못해서, 용례에 노출되지 않아서 제대로 쓰지 못하는 건 아닐 겁니다. 오히려 적절한 분석과 명확한 이해가 없이 의사소통만 강조해서 생기는 문제에 가깝겠지요.

다양한 학습법과 소통의 경험이 충돌할 이유는 없습니다. 문법을 배웠다면 써먹을 수 있게 하고, 바로 이해가 안 되는 구문이 있다면 분석해 보면서 이해하게끔 하면 됩니다. 즉 학습과 소통이 자연스럽고 유기적으로 연결될 수 있는 학습 생태계를 마련하는 것이 중요합니다. 자연스러운 소통과 분석적 공부는 대척점에 놓인 것이 아니라 상호보완적 관계입니다.

결론적으로 영어학습의 열쇠는 '다량의 인풋이냐, 문법이냐'와 같은 이분법에 있지 않습니다. 자신의 상황과 적성에 맞게 이 둘의 상생관계를 찾아 가는 과정에서 발견할 수 있습니다. 형태 없는 의미가 있을 리 없고, 의미 없는 형태는 아무 소용이 없으니까요.

언어학습, 마음을 먼저 챙겨라

크라센은 불안과 동기 등 정서적 요소가 언어 습득에 큰 영향을 끼친다는 점을 강조하며 다섯 번째 가설인 '정서적 필터affective filter 가설'을 세웠습니다. 이에 따르면, 언어 입력이 언어 습득 기제language acquisition device*로 들어오기 위해서는 일종의 필터를 통과해야만 하는데, 이것이 바로 정서적인 요인들로 이루어져 있습니다.

근심걱정에 휩싸여 있다면 아무리 흥미진진한 영화를 보아도 빠져들기 힘듭니다. 뇌가 마음의 고충을 처리하느라 영상을 온전히 받아들이고 처리해 내지 못하거든요. 이때 '근심걱정'은 일종의 필터가 되고, 여기에 영화의 내용

---

* LAD, 인간이 언어를 획득할 수 있도록 선천적으로 가지고 태어난 언어 습득 장치를 가리키는 말로, 미국의 언어학자 노엄 촘스키가 제안했다.

이 '걸려 버리는' 상황이 펼쳐집니다.

정서적 필터 가설과 잘 맞아떨어지는 우리말 표현이 바로 "잘 안 들어온다"는 말입니다. "마음이 무거워서 설명이 잘 안 들어오더라" 하면 '무거운 마음'이 설명을 가로막는 벽, 즉 정서적 필터가 되는 상황이지요.

크라센은 정서적 필터를 형성하는 요인을 크게 세 가지 범주로 나눕니다. 첫 번째는 동기입니다. 동기가 높은 학습자와 그렇지 않은 학습자는 언어 입력을 받아들이는 정도에서 큰 차이를 보일 수밖에 없습니다. 두 번째는 자신감입니다. 보통 자기 자신과 해낼 수 있음을 굳게 믿는 사람이 스펀지처럼 언어를 빨아들일 가능성이 높습니다. 마지막으로는 불안입니다. 불안하면 언어 습득이 일어나기 어려워지므로 학습의 과정과 결과를 놓고 크게 걱정하지 않아도 되는 상황을 만들어 주어야 합니다.

이와 같은 지적은 우리 영어교육에 시사하는 바가 큽니다. 학생들에게 끊임없이 학습 내용을 제시하면서도 이를 소화할 수 있는 정서적 요인에는 그다지 신경 쓰지 않는 상황이죠. "무식하게 하다 보면 된다"거나 "무조건 따라 하자"는 말에는 고개가 끄덕여지지 않습니다. 제가 직접 경험했던 다음 두 대화는 학습자의 마음을 배려하지 않는 영어공부의 단면을 가감 없이 보여 줍니다.

장면 1

"한 주에 단어 몇 개까지 외워 봤어요?"

"900개요."

"900개요? 어떻게 900개를 외워요?"

"전에 특강 때문에 매일 학원에 간 적이 있거든요? 그때
하루에 100개씩 시험 보고, 주말에는 200개씩 봐서 총
900개까지 외워 봤어요."

"그게 가능해요?"

"대충 단어 뜻 외우는 건데 어찌저찌 했어요."

"안 힘들었어요?"

"힘들긴 했죠. 못 외우면 남아서 다 외울 때까지 집에 못
갔어요. 그래도 그냥 공부니까 했어요."

"……."

장면 2

"아이 영어는 어떻게 하고 있어요?"

"집에서 학습지 좀 시키고 있는데…… 이제 뭐 좀 더 시켜야
되나 싶어요."

"중학교 가기 전이 중요해요. 초등학교랑 완전히 달라져요."

"그러게요. 내용도 많아지고 본격적으로 시험도 보고."

"그럼요. 대비를 해야죠. 저도 몇 달 전부터 ○○학원에 보내고 있어요."

"아, 그래요? 잘하고 있나요?"

"처음에는 악몽을 꾸더라고요. 거의 두 주를."

"두 주나요?"

"네. 꿈에 학원 선생님이 계속 나오더래요. 숙제도 엄청나게 하고 시험도 계속 보고요."

"……."

"근데 두어 주 지나니까 괜찮아졌어요. 지금은 잘 적응해서 다니고요. 성적도 좀 올랐어요."

"아, 다행이네요."

장면 1은 어느 대학생과 나눈 대화 한 토막입니다. 중고교 시절에 했던 영어공부 얘기였는데, 제가 1년 넘게 외울 단어를 1주 만에 외운 셈이더군요. 학원이 재미가 없고 힘들어서 그리 오래 다니지는 못했다고 합니다. 장면 2는 식당에서 우연히 합석하게 된 두 어머니가 나눈 자녀 영어교육 이야기입니다. 학원에 간 아이가 처음에는 악몽까지 꾸었지만 이내 어려움을 '극복'하고 잘 적응해서 영어 성적을 끌어올렸다는 '성공담'이었습니다. 하지만 제겐 끔찍한 괴담으로 들렸습니다. 이틀 연속 저런 꿈을 꾸는 것만도 두려운데 2주 연속이라니, 아이에게 얼마나 큰 트라우마가 되었을까 하는 생각이 들었습니다.

일부 학원에서는 여전히 이런 '무식하게 암기하기' 방법을 쓰고 있습니다. 이 방법이 가진 문제는 크게 세 가지입니다. 첫째, 학생들은 엄청난 단어량 때문에 큰 스트레스를 받습니다. 정서적 필터 가설에 따르면 이렇게 스트레스 받아 가며 암기하는 것은 언어 습득에 큰 도움이 되지 못합니다. 둘째, 한국어 - 영어 단어를 1:1로 대응해 외우게끔 하지만 문맥이 빠진 단어 암기에는 명백한 한계가 있습니다. 이는 영어교육 이론들이 한목소리로 지적하는 바입니다. 셋째, 방학 또는 방과 후 시간에 대한 학생의 자기 결정권 문제입니다. 학생이 '나머지 공부'를 언급한 것으로 보아 단어 시험 결과가 나쁘면 집에 가지 못했다는 점을 알 수 있습니다. 이는 학생 인권의 문제와 직결됩니다. 자신의 의사에 반한 나머지 공부는 일종의 '강제노동'입니다. 근로시간도 현재 주 52시간이 원칙인데, 학생들의 공부시간에 대해서는 '많이 할수록 좋다'는 인식이 팽배해 있습니다.

정서적 필터 가설에 의하면 '동기가 높고 자신감이 있으며 불안하지 않은 학습자'는 언어 습득에 유리한 고지를 점할 수 있습니다. 하지만 이런 요건을 갖추는 것이 그저 개별 학습자의 몫일까요? 영어를 배울 동기부여가 되지 않고 자신감이 줄고 영어 얘기만 나오면 마음이 불편해지는 건 개인이 부족해서 그런 걸까요? 혹시 우리 사회의 잘못을 개개인의 잘못으로 둔갑시키고 있는 것은 아닐까요? 만약 그렇다면 우리 스스로가 사회적인 모순을 자신의 부족함으로 착각하고 있지는 않은지, 그로 인해 쓸데없는 죄책감에 시달리고 있지는 않은지 물어야 합니다. 학습자의 동기와 자신감, 불안은 결코 학습자 혼자서 책임질 수 없습니다. 주변 사람들, 공부 방식과 시간, 서열 스트레스 등이 동시에 작용하기 때문입니다. 그렇기에 '정서적 필터'를 오롯이 학습자 개인에게 맡겨 두진 말아야 합니다. 영어공부의 전략을 논하기 전에 학습자의 마음을 보살피는 일, 이 사회가 함께해야 합니다.

인풋의 양에서 경험의 깊이로

크라센의 언어학습 이론은 우리 사회에 큰 영향을 미쳤습니다. "영어는 인풋이다"라는 말을 대중에게 각인시켰고, 그의 이론에 등장하는 다양한 개념은 영어교육과 관련된 효율적인 소통의 기초가 되었습니다. '인풋'이나 '습득', '이해 가능한 인풋' 등의 용어를 통해 원활한 대화가 가능해졌지요.

하지만 부정적 영향도 무시할 수 없습니다. 언어교육의 복잡다단한 측면을 '인풋'이라는 말로 압축시킴으로써 영어교육에 대한 풍성한 논의를 막았고, 여러 부작용도 불러 일으켰습니다. 그중 하나가 몰입교육에 대한 오해입니다.

몰입교육이란 교육 내용을 목표 언어로 가르치고 배우는 학습법입니다. 영어와 불어, 두 언어를 동시에 배우고 사용해야 하는 캐나다에서 1960년대에 시작되었습니다. 사회문화적 필요에 의해 도입된 캐나다와는 달리 한국에서 몰입교육은 인풋의 획기적 증대를 염두에 둔 것이었지요. 그 결과 균형 잡힌 교과 학습을 통해 아동의 지적·정의적 발달을 꾀하기보다는 언어 입력의 양을 늘리는 데만 급급한 경향을 보입니다.

많은 몰입교육 프로그램에서 미국 초등학교 교과서를 교재로 삼았습니다. '본토 원어민의 인풋'을 풍부하게 제공한다는 명목이었지요. 유치원에서 미국 초등학교 3학년 교과서를 가르치기도 했습니다. 한국어로 유치원 과정을 배워야 할 아이들에게 외국어로 초등학교 3학년 과정을 가르치다니, 인지와 정서 수준은 전혀 고려하지 않은 교육이지요.

미국 초등학교 교과서가 개정되면 한국의 몰입교육 교사들이 엄청나게 고생한다는 이야기도 흘러나왔습니다. 사실 초등학교에서 우리말로 여러 과목을 잘 가르치는 것도 힘든데, 영어로 다양한 과목을 가르치려니 어찌 문제가 없겠습니까. 한 몰입교육 교사가 들려준 말입니다. "언어 과목은 그나마 괜찮지만 수학이나 과학을 영어로 가르치면 애들은 그야말로 '죽으려고' 해요."

몰입교육에 대한 잘못된 이해와 기대는 크라센의 인풋 가설이 한국에 미친 악영향을 방증합니다. '인풋이 모든 것'이라는 믿음은 영어교육과 관련된 논의를 앙상하게 만들어 버렸습니다. 전인적 성장과 외국어 교육, 한국어와 영어 구사 능력의 균형적 발달, 한국의 사회문화적 환경에서 영어의 역할, 새로운 언어를 통해 변신하는 자아 등에 대한 고민은 희박해졌습니다. '어떻게 언어노출을 최대한 늘릴 것인가'라는 질문에만 매달리게 된 것입니다.

언어량에 대한 집착이 양질의 경험에 대한 궁리를 압도하는 시대에는 영어공부의 핵심이 '인풋의 양'으로 수렴됩니다. 어려서부터 최대한 '넣어 주어야만' 원어민 같은 영어 실력을 가질 수 있다는 마케팅 담론이 힘을 발휘합니다. 바이링궐에 대한 그릇된 믿음이 사람들의 마음을 파고듭니다. 일상을 풍요롭게 하는 영어공부가 아니라 '인풋의 최대화를 통한 영어훈련'이 화두가 되고, '인풋'과 '원어민처럼 하기'라는 두 가지 사고의 축이 득세하면서 영어공부의 수많은 가능성을 삼켜 버립니다.

이제는 바뀌어야겠죠? 인풋을 중심에 놓고 사람을 동원하는 것이 아니라, 사람을 중심에 놓고 언어 경험을 설계해야 합니다. 말이 사람을 부리는 것이 아니라, 사람이 말하는 공부로 전환해야 합니다.

Chapter 4 :

영어공부에 대한
새로운 관점

영어를 통해 언어를,

언어를 통해 사고를,

사고를 통해 인간을.

영어학습, 더 나은 나를 만들어 가기

새로운 언어를 통해 더 나은 나를 만들어 가기. 외국어를 공부하는 여러 이유 가운데 빼놓을 수 없는 일입니다. 누군가를 만나 배우고 감동하는 과정에서 나 자신이 바뀌듯, 새로운 언어가 열어 주는 세상을 통해 내 안의 지식, 경험, 의견, 욕망, 아픔 등을 새롭게 발견하고 더 나은 인간으로 성장하는 기회를 가질 수 있습니다.

하지만 많은 영어교육 프로그램이 학습자들을 획일화하려 합니다. 특정 프로그램을 선택한 사람들은 엇비슷한 경험을 하게 됩니다. 같은 주제, 같은 관점, 같은 공부 순서, 같은 학습법을 '강요당하는' 상황을 맞이하죠. 이는 프로그램 제작자들의 의도라기보다는 많은 사람에게 같은 내용을 제시하는 데서 오는 한계입니다.

언어학습을 위한 내용을 구성하는 원칙은 분명 존재합니다. 문법과 같이 내용이 잘 정의된 요소에서는 더더욱 그럴 수밖에 없습니다. 영어학습 프로그램 개발자들은 이런 순서를 S&S(Scope and Sequence)라고도 부릅니다. '어떤 범위의 내용'scope을 '어떤 순서대로'sequence 가르칠 것인가를 정하는 가이드라인입니다.

하지만 특정 S&S가 학습자의 성향이나 정체성과 맞으리라는 보장은 없습니다. 흥미 없는 소재를 늘어놓은 학습 교재를 자신이 즐길 수 없는 방식으로 학습해야 한다면 영어공부와 점점 멀어질 수밖에요.

이런 경향은 평가의 영역에서 더욱 두드러집니다. 언젠가 한 토익 수험서를 훑어보다가 스피킹 부분에서 이런 질문을 발견했습니다. "최근에 옷을 언제 샀나요?" "1년에 라이브 공연에 몇 번이나 가나요?"

수험서들은 이런 문제에 전략적으로 대비하라 외치며 "인턴 면접을 준비하느라 얼마 전에 정장과 셔츠를 샀다"

든가 "1년에 서너 번 가는데 주로 록이나 힙합 공연이다" 같은 모범 답안을 정리해 줍니다.

수험생들은 열심히 외웁니다. 외우는 게 잘못은 아닙니다. 아니, 시험을 잘 보려면 외울 수밖에 없는 상황입니다. 그런데 그런 문장을 자신의 상황에 맞게 고쳐 외우는 경우는 그리 많지 않습니다. 그냥 주어진 대로 외우다 보니 있지도 않은 인터뷰, 사지도 않은 정장, 가지도 않은 여행 이야기를 하게 되고, 없던 동생이나 드론이 갑자기 생기기도 합니다. 관심도 없던 주제에 '확고한 자기 의견'이 생겨 버리고, 본의 아니게 '사소한 거짓말'을 하게 됩니다.

그런 거짓말로 피해 볼 사람도 없으니 괜찮다고 넘길 수 있습니다. 채점기관에서 사설탐정을 고용해서 답안을 쓴 수험자에게 정말 동생이 있는지, 옷장 안에 새로 산 정장이 진짜 있는지 추적할 리도 없고요.

하지만 이것은 효율성의 극대화가 지상 최대 과제가 된 사회의 작은 비극입니다. 영어, 아니 영어 점수를 위해 적지 않은 사람들이 자신의 삶과 관련 없는 이야기를 자기 이야기인 양하는 풍경은 우스꽝스럽고 왠지 서글픕니다.

시험을 잘 보려고 문장을 외우는 것은 자연스러운 일이죠. 하지만 그 문장의 의미가 내 삶과 어긋나는 거라면 어떨까요? 영어 일기를 쓰려면 영어 표현을 배워야 합니다. 하지만 일상과 관련 없는 일기용 문장을 줄줄 외우고, 이를 엮어서 일기를 써야 하는 상황이라면? 남에게 피해 주는 일이 아니니 괜찮은 걸까요? 어쩌면 이런 '사소한 비극'이 차곡차곡 쌓여 공부를 갉아먹고 있는 건 아닐까요? 그렇지 않아도 평범한 우리 삶을 더더욱 진부하게 만드는 건 아닐까요? 영어가 새로운 세계를 열어젖힐 수 있는 가능성이 아니라 세계를 획일화하는 힘으로 작용하고 있는 건 아닐까요?

이제 주어진 내용을 충실히 암기하고 쌓아 가기보다는, 영어를 통해 더 나은 나를 만들어 가는 공부를 시작해 보면 어떨까요?

나다운 영어공부를 위한 세 가지 원칙

그렇다면 쏟아지는 정보와 교재, 학습법의 홍수 속에서 어떻게 '더 나은 나'를 만들어 갈 수 있을까요? 세 가지 원칙을 제안합니다.

공부 대상 및 과정을 구체화하기

먼저 나에게 맞는 구체적인 목표를 설정합니다. 다른 사람이 정해 준 일반적인 목표, '누구에게나 적용 가능한 목표'가 아니라 지금 내 삶에서 영어를 통해 이루고자 하는 바를 꼼꼼히 따져 보는 일입니다.

'영어를 배운다'는 말은 매우 추상적입니다. 우선 '영어'의 쓰임과 기능이 다양하고, '배운다'는 것도 구체적으로 어떤 행동인지 애매합니다. 공부의 대상이 두루뭉술할수록 자신과 점점 멀어집니다. '영어'는 거대한 만큼 멀리 있고, '배운다'는 애매한 만큼 손가락 사이로 흘러내리는 모래알처럼 스르륵 빠져나가기 마련입니다. 뭣 좀 해 보려고 하면 하루가, 한 달이, 또 한 해가 금방 사라지고 맙니다.

그렇기에 먼저 추상적인 것들을 끊임없이 구체화하는 과정, 즉 실제로 할 활동과 내용을 정하고, 꼼꼼한 학습법을 만들어 실행에 옮기는 과정이 필요합니다. 최적의 시간과 장소, 콘텐츠와 순서, 암기와 정리법 등을 탐색하고 이를 실천하면서 내 몸에 맞는 공부를 찾아 가는 것입니다. 이 과정을 다른 사람에게 맡기지 않고 스스로의 힘으로 개척해 보는 일 자체가 훌륭한 공부입니다.

예를 들어 "내일부터 영어공부 좀 해야지"가 아니라 "내일 밤부터는 자기 전에 좋아하는 배우가 나오는 드라마를 30분간 보고, 대본을 세 번 정독하고, 모르는 단어를 찾아 단어장에 정리하고, 대본 없이 다시 한 번 보고, 섀도잉(외국어 음성을 들으면서 동시에 따라 말하는 것)을 한 번 한 다음, 가장 마음에 드는 대사 두 개를 골라 공책에 적어야지"라는 계획을 짜 보세요. 꾸준히 해낼 수 있는 작은 과업을 계획하는 것이 중요합니다. 특히 공부 시간을 확보하기 힘든 직장인이라면 여러 가지를 동시에 공부하기보다는 한 가지를 꼼꼼하게 계획해야 합니다. 시작 단계에서는 미약해 보이지만 작은 성공 경험이 쌓이다 보면 어느새 실력이 훌쩍 늘어 있을 겁니다.

영어 레퍼토리 수집하기

우표나 기념주화, LP 등을 꾸준히 모으는 수집가들이 공통으로 지닌 특징이 있지요. (1)자기가 좋아하는 것이 무엇인지 알고 (2)조금씩 꾸준히 모으는 데서 뿌듯함을 느끼지만 (3)정말 아끼는 대상이라면 집요한 노력을 통해 손에 넣습니다. 이런 특성을 영어공부에도 그대로 적용할 수 있습니다.

미국 정치에 관심이 있고 전 대통령 버락 오바마의 화법을 좋아한다면 웹에서 그의 연설을 찾아보고, 유용한 표현을 모으고, 최고의 연설에 순위를 매겨 보고, 인상적인 대목을 외워서 말해 볼 수 있습니다. 『스타워즈』 팬이라면 요다와 다스베이더 대사를 최대한 수집하고 그중 멋진 말을 반복해서 낭독, 녹음하면서 재미를 찾을 수 있겠지요. 특정 도시를 텍스트로 삼아 주변의 영어 광고나 간판을 찍고 이를 체계적으로 분석해 보거나 어색한 안내문을 모아 수정해 볼 수도 있고요. 구글 스트리트 뷰와 같은 지도 프로그램을 통해 세계 곳곳을 누비며 도시의 언어 경관을 탐색할 수도 있습니다.

테드*의 대표 크리스 앤더슨이 제안하듯 테드 강연을 활용하는 공부도 효과적입니다. 청자와의 유대를 높이는 표현, 설득을 위해 '초석을 까는' 과정, 말의 속도나 발성이 달라지는 순간, 어려운 개념을 설명하기 위해 활용되는 비유 등을 집중적으로 공부하면서 프레젠테이션 기법을 익힐 수 있습니다. 요리를 좋아한다면 유튜브에서 자막이 나오는 요리 채널을 꾸준히 보면서 관련 표현을 익히는 것도 좋습니다. 요리 쇼는 음식 이름이나 계량과 관련된 어휘뿐 아

---

* 테드(TED)는 Technology, Entertainment, Design의 약자로, 기술·예술·감성이 어우러진 무료 강연이다. '널리 퍼뜨려야 할 아이디어'라는 슬로건으로 각계각층 명사가 연단에 오른다.

니라 다양한 동작을 나타내는 구어 동사 표현의 보고죠.

IT 관련 리뷰 유튜버를 꾸준히 팔로우하면서 기술 및 제품 관련 영어를 익히거나, 오디션 프로그램 심사평을 받아쓰기 하면서 다양한 칭찬 및 비판에 유용한 어구나 깊은 감동을 표현하는 방식을 배울 수도 있습니다. 위키북스나 핀터레스트에서 인물별, 주제별 명언을 모으거나 유명 인사의 유언을 모아 공부할 수도 있고, 잘 정리된 유머나 말장난 사이트를 독파할 수도 있겠지요. 영어를 오랜 시간 공부한 학습자라면 '자본주의 광고의 꽃'으로 불리는 미국 슈퍼볼 광고를 시청하고 관련 기사를 읽으며 광고에 드러난 미국 문화의 단면을 공부하는 것도 흥미롭겠네요.

여러 영역의 수집가가 될 필요는 없습니다. 관심이 가는 주제 한두 가지를 따라가며 꾸준히 공부하다 보면 생각보다 깊은 내공이 쌓입니다. 이는 다른 분야를 수집하고 공부할 수 있는 초석이 되지요. 내공과 내공은 밀접하게 연결되어 있습니다.

나의 말로 바꾸기

마지막으로 끊임없이 나만의 이야기를 만드는 개인화

전략입니다. 생소한 주제를 다룬 글에 나온 단어는 금방 외워지지 않습니다. 한-영 또는 영-한 목록으로만 배운 단어들도 쉬이 잊히지요. 이때 단어와 좀 더 친해지면 더 오래 기억할 수 있습니다. 사람과 사귀듯 말과 사귀면서 그 말을 좀 더 깊이 이해할 수 있게 됩니다.

마음에 드는 단어나 문장을 내 상황에 맞춰 써 보세요. 성격을 나타내는 형용사를 배웠다면 내 주변 사람들과 엮어 보고, 새로 배운 속담을 제목으로 하는 경험담을 써 봅니다. 회사 내 인간관계를 다룬 지문을 읽었다면 그 내용을 현재 직장에 적용해 보고 몇몇 문장을 활용해 상사와의 관계를 묘사해 볼 수도 있습니다.

개인화 전략은 영어 자료를 대하는 방식과 연관되어 있습니다. 보통은 교재에서 제시하는 단어와 문장을 최종 학습 대상으로 보는 경우가 많지만, 교재를 종착지로 삼는다면 교재의 잠재력을 절반도 활용할 수 없습니다. 교재에 등장하는 어휘, 문장, 문법 등의 요소를 학습의 목적지가 아닌 출발점으로 삼을 때 영어공부가 더욱 풍성해집니다. 제시된 내용의 암기를 넘어 내 생각과 감정, 의견과 바람을 표현하는 재료로 삼는 겁니다. 교재 개발자가 전해 준 언어는 '정확한' 것일지는 모르지만 '내' 것은 아닙니다. 교재 개발자의 세계가 아니라 나 자신의 삶을 표현하고 성장시키려는 태도가 필요합니다.

이제 우리 모두를 위한 영어학습법이 아니라, 영어와 지속적인 관계를 맺을 수 있는 나만의 방법을 궁리해야 합니다. 교육과정에, 영어학습 이론에, 마케팅 슬로건에 속한 영어가 아니라 내 손 안에, 혀끝에, 수집 목록에, 유튜브 채널에, 노트 필기에, 다양한 간판에, 자주 찾는 요리 웹사이트에 있는 구체적인 영어를 찾아 보세요. 이를 통해 영어를 암기하는 데서 그치지 말고 영어로 나를 키워 가는 겁니다.

영어를 통해 내가 더욱 나다워진다는 것은 영어가 열어 주는 새로운 가능성을 통해 나의 삶을 더욱 풍요롭게 만드는 것을 말합니다. '그들의 말'을 '나의 말'로 바꾸는 과정에서 영어가 자라고 내가 성장합니다.

영어에 대한 잘못된 개념들

러시아의 발달심리학자 레프 비고츠키의 '일상적 개

념'과 '과학적 개념'을 기반으로 한 논의는 수학과 과학 교과의 '오개념'misconception 연구에 영향을 미쳤습니다. 학습과 발달 과정에서 인간은 여러 영역의 개념을 형성하고 변화시켜 나갑니다. 그런데 일상생활이나 미디어를 접하면서, 심지어는 학교 수업에서까지 다양한 오개념이 생산, 체화됩니다. 비고츠키는 이를 극복하는 것이 인지 발달의 핵심 과제라고 주장했습니다. 그런데 영어 교수법에서는 과목의 특성상 오개념에 대한 논의를 찾아보기 힘듭니다. 영어는 개념의 체계를 중시하는 수학이나 과학과는 달리 '도구 과목'으로 분류되는 경우가 많기 때문입니다. 말은 말로 배우면 되지 거기서 무슨 개념을 따져야 하느냐는 생각이 널리 퍼져 있지요.

하지만 도구적 성격이 강하다고 해서 오개념이 없는 것은 아닙니다. 살펴보면 영어라는 언어에 대한 잘못된 개념, 영어의 사회적 성격에 대한 잘못된 지식이 적지 않습니다. 몇 가지를 정리해 보겠습니다.

1. 영어에는 존대가 없다?

그렇지 않습니다. 존대가 없다기보다는 우리말과 같은 존대법이 없다고 해야겠지요.

한국어에는 높임말을 위한 여러 장치들이 있습니다. 대표적인 것이 어휘의 구별(밥/진지, 나이/연세, 자다/주무시다)과 선어말어미 '-시'(하다/하시다, 가다/가시다)입니다. 말의 대상이 되는 인물이나 청자와의 관계에 따라 적절한 어휘와 어미를 사용해야 합니다. 영어에는 이러한 어휘 구분이 없습니다. 밥은 누가 먹어도 rice, 잠은 누가 자도 sleep입니다. 높여 주는 어미도 없습니다. 한국어와 같은 문법적 존대 체계는 존재하지 않습니다.

하지만 영어에도 예절을 갖추고 존대를 표현하는 방식이 있습니다.* 예를 들어 봅시다. 가족이 사망했을 때 합장을 위해 원래의 묘지에서 시신을 꺼내는 일은 exhume이라는 단어로 표현합니다. 그런데 이것을 dig up이나 dig out이라고 쓰면 의미는 통하지만 상황에 따라 굉장히 무례하게 들릴 수 있습니다.

나아가 한 가지 의미도 여러 가지 문장으로 구체화될 수 있고, 이들은 각각 다른 수준의 격식과 공손함을 표현합니다. 다음 예들을 보시죠.

(1) Shut up! (닥쳐!)

(2) Be quiet. (조용히 해.)

---

* 자세한 논의는 『고급 영문법 해설』(문용, 박영사, 2017) 참고.

(3) Please be quiet. (조용히 좀 해 주세요.)

(4) Can you be quiet? (조용히 해 주실 수 있나요?)

(5) Could you be quiet please? (혹시 조용히 해 주실 수 있을까요?)

(6) We would like to request your silence. (조용히 해 주시기를 부탁드리고자 합니다.)

(7) Your silence is cordially requested. (조용히 해 주시길 정중하게 부탁드립니다.)

이들 문장은 기본적으로 조용히 해 달라는 메시지를 전달합니다. 하지만 각각의 느낌은 천양지차입니다. 따라서 상황과 청자에 따라 세심한 선택이 필요합니다. "Could you be quiet please?"라고 해야 할 상황에서 "Shut up"이라고 하거나, "Be quiet"로 충분한 상황에서 "Your silence is cordially requested"라고 말하면 당황스러운 결과를 가져올 수 있습니다. 결론적으로 영어에 한국어와 동일한 존대법은 존재하지 않지만, 다양한 문법 구조와 조동사 등을 써서 예의와 존대를 표현합니다.

2. 영어는 미국의 공식 언어다?

미국의 공식어는 당연히 영어라고 생각하기 쉽지만 연방정부에서 지정한 공식어는 없습니다. 나라에서 영어를 쓰라 말라 정하지는 않은 거죠. 다만 주정부에서 영어만을 공식어로 사용하는 경우가 있는데, 흔히 'English-only'라고 불리는 정책입니다.

현재 50개 주 가운데 절반 정도의 주에서 영어만을 공식어로 인정하고 있습니다. 영어와 하와이어 모두를 공식어로 인정하는 하와이주와는 다른 방향을 취하고 있죠. 하지만 주정부의 의지, 영어와 관련된 법원 판례, 해당 정책 조문 해석의 문제, 개별 교육기관의 대응 등에 따라 개별 사례에 대한 English-only 정책의 영향력은 사뭇 다릅니다. 이민자가 세운 나라에서 하나의 언어만을 강제하는 것이 자연스럽지도 논리적이지도 않기에 필연적으로 따라오는 현상입니다.

3. 원어민은 어휘도 문법도 완벽하다?

"주변에 원어민 있어? 한번 물어봐." 알쏭달쏭한 문법이나 어휘를 만나 고민할 때 흔히 듣는 말이지요. 그런데 원어민이라고 영어에 대해 모든 것을 알고 있을까요? 그럴 리가요. You're와 Your, it's와 its를 구분하지 못하는 사람들 이야기가 유머 소재로 자주 등장하는 데는 그럴 만한 이유가 있습니다.

한글 띄어쓰기를 완벽하게 해내는 한국인 역시 찾아보기 힘듭니다. 한국어를 평생 써도 완벽한 한국어 지식을 가지지 못하듯, 영어 원어민 화자도 마찬가지입니다. 영어 원어민은 완벽하리라는 생각은 모든 한국인이 한국어를 완벽하게 구사한다는 생각만큼이나 허황된 것입니다.

4. 읽기 실력을 높이려면 무조건 영어로 읽어야 한다?

영어 읽기에도 배경지식이 동원됩니다. 한국어 독서로 폭넓은 배경지식을 갖추었다면, 영어 읽기에 도움이 되지요. 예컨대 미국 정치를 하나도 모르는 사람이 미국 대선 기사를 영어로 읽는다고 바로 이해가 되진 않습니다. 하지만 현대 영국경제사를 전공했다면 브렉시트 관련 기사를 영어로 읽을 때 훨씬 이해하기 쉽겠지요. 읽기 과정에는 단지 언어에 대한 지식이 아니라 세계에 대한 지식, 해당 지문의 내용에 대한 지식이 동원된다는 사실을 기억하세요.

5. 무조건 영어와 접촉하는 것이 가장 효율적이다?

인풋을 늘린다고 무조건 영어가 느는 것은 아닙니다.

한국어로 방송을 열심히 본다고 한국어 달인이 되진 않잖아요? 일례로 쓰기 공부를 위해서는 읽기와 쓰기를 유기적으로 결합해야 효율이 높습니다. 무작정 읽는다고 쓰기가 자동으로 늘진 않습니다. 마찬가지로 듣기 능력을 향상시키기 위해 하루 종일 영어를 듣는 것이 최선은 아닙니다. 자신이 목표로 하는 듣기 영역과 수준을 정하고 이에 맞추어 체계적으로 공략할 필요가 있습니다.

'무조건', '많이' 하다 보면 '티끌'이 '태산'이 되리라고 생각할 수도 있습니다. 그런데 이런 '티끌 모아 태산' 전략은 시간이 무한정이라는 조건하에서만 유효합니다. "영어, 무조건 하면 된다"는 말도 옳을 수 있습니다. 영어를 공부할 시간이 무한정 주어지고, 의미 없는 일조차 끝없이 반복할 수 있다면요. 그러니 '무조건'이나 '무작정'이라는 말을 '열심히'라는 뜻 이상으로 받아들인다면 곤란합니다.

6. 흑인 영어는 '표준 영어'에 비해 체계적이지 못하다?

우리나라에서 교육의 표준이 되는 영어와 흑인 영어는 발음, 어휘, 문법 등 여러 측면에서 다릅니다. 그렇기에 흑인들이 하는 영어를 들으면 어색한 느낌이 들고, 때로는 더 나아가 '이상하다'는 평가를 내리기도 합니다.

하지만 다를 뿐, 틀리다고 할 수는 없습니다. 흑인 영어에는 자체적인 논리와 표준이 있습니다. 예컨대 흑인 영어에는 이중부정 구조가 있습니다. "I ain't have no problem"(난 아무 문제 없어)이나 "You don't know nothing"(너는 아무것도 몰라) 같은 경우인데, 교실에서는 틀리다고 가르칩니다. 하지만 흑인 영어는 이중부정을 체계적으로 사용하고 있으며, 이는 틀리다기보다는 부정을 표현하는 다른 방법으로 이해해야 합니다. 특정한 의미를 이중으로 표현하는 것은 소위 '표준 영어'에서도 자주 발견되는 현상입니다. "I'm doing my homework now"에서 be+ing(현재진행)는 '지금'의 의미를 내포합니다. 그런데 왜 now를 또 쓸까요? 현재를 이중으로 표현하니까 틀린 걸까요? 아닙니다. 그런 체계가 존재할 뿐입니다.

사실 이중부정은 포르투갈어나 스페인어 등 세계 여러 언어에서 발견됩니다. 미국 내에서도 흑인 영어뿐 아니라 남부 방언에서 종종 나타나죠. 놀랍게도 영문학의 최고봉이라 칭송받는 셰익스피어도 이중부정을 사용했습니다. 역사적으로도 이중부정이 널리 사용되어 왔음을 보여 주는 사례입니다.

텍스트와 콘텍스트 새롭게 상상하기
: 문장 쓰기를 넘어 문맥 쓰기로

A : Are you a teacher?

B : Yes, I am. Are you a student?

A : Yes, I am.

이 대화문 기억하는 분 계실까요? 교과서에 실제로 실렸던 문장입니다. 학생은 교사에게 "선생님이세요?"라고 묻고, 교사는 학생에게 "너 학생 맞니?"라고 묻습니다. 실제 상황에서는 좀처럼 벌어지지 않을, '교과서 SF'라고 불러도 좋을 만한 대화입니다.

영어를 배우는 특정 단계에서 student나 teacher 같은 단어, 'Are you~?'와 'Yes, I am' 같은 문형을 반드시 사용해야 한다는 강박관념에서 나온 예문으로 추측되는데, 더 들어가면 학습자들이 이렇게 쉬운 문장에서 시작해 점차 복잡한 단어와 구문을 접해야 한다는 교수원리가 담겨 있을 법합니다.

교수학습 이론의 이런 강박이 실제 언어를 압도하는

장면을 만나면 헛웃음이 터져 나옵니다. 더욱 허탈한 것은 이러한 대화가 한 강사의 작은 실수로 만들어진 게 아니라, 모든 학생이 보는 국정교과서에 오랜 기간 실려 있었다는 사실입니다. 출판사들은 한글 해석이 달린 참고서를 내놓았고, 교사들은 큰 소리로 대화를 낭독했으며, 학생들은 대화를 달달 외워서 시험을 보았습니다.

이 문장을 꼭 써야 할 이유가 있다면, 저는 학생들에게 이 대화가 벌어질 상황을 만들어 보라고 주문하고 싶습니다. 대화문을 제시하고 콘텍스트context(맥락)를 쓰게 하는 활동입니다. 예를 들면 다음과 같은 상황에서 가능하지 않을까요? 상상력에 따라 더욱 다양한 상황이 제시될 수 있습니다.

(1) SNS에서 만난 두 사람이 이런저런 대화를 하다가 "Are you a teacher?"(교사세요?), "Are you a student?"(학생이세요?)라고 서로 묻는다. 서로 잘 알지는 못하지만, 온라인상의 정보를 통해 각자 교사와 학생 신분임을 어렴풋이 알고 있는 경우다.

(2) 학교 연극부원들이 대본 연습을 하고 있다. 연극반 지도교사는 학생들을 무작위로 나누어 "자, 이쪽은 선생님

역할, 저쪽은 학생 역할을 하는 거야. 아무나 붙잡고 선생님과 학생 사이에서 있을 만한 상황을 연출해 봐"라고 주문한다. 이때 학생들끼리 "Are you a teacher?"(너 선생님 역할이야?), "Are you a student?"(너 학생 역할이지?)라고 물을 수 있다.

이 대화문은 이제 교과서에서 사라졌지만, 지금이라고 이런 황당한 풍경이 없을까 싶습니다. 현실의 삶이 아니라 꽉 짜인 텍스트의 구조에 갇힌 사회, 새로운 맥락을 써 내는 상상력이 억압되는 사회에서 실소가 터져 나오는 상황은 여전히 벌어지고 있을 듯합니다.

보통 언어를 배운다고 하면 그 언어의 텍스트만을 생각합니다. 어떻게 정확한 문법과 어휘를 배울 것인가에 집착합니다. 하지만 언어를 보는 좀 더 과학적인 관점은 언어를 텍스트가 아니라 텍스트와 콘텍스트의 결합으로 이해하는 것입니다. 단어든 문장이든 텍스트는 콘텍스트 없이 그 의미를 확정할 수 없기 때문입니다.

예를 들어 보겠습니다. "Where is everyone?"은 무슨 뜻일까요? "다들 어디 있지?"라는 대답이 나올 것입니다. 그런데 이 텍스트만으로 문장의 의미를 확정할 수 있을까요? '다들'과 '어디'의 진정한 뜻은 무엇일까요? 다음 맥락을 생각해 봅시다.

(1) 학교에서 집에 돌아왔다. 늘 동생과 엄마가 있었는데 오늘은 아무도 없다. 그때 스스로에게 묻는다. "Where is everyone?"

(2) 학교에서 따돌림을 당하는 아이가 있다. 그 와중에도 몇몇 친구들은 늘 아이 편이 되어 주었다. 그런데 최근 들어 친구들이 아이를 조금씩 멀리하더니 급기야 아무도 말을 건네지 않는다. 아이가 일기에 이렇게 쓴다. "Where is everyone?"

(3) 한 아이가 페르미 역설*을 배웠다. 밤에 옥상에 오른 아이는 하늘을 바라보며 말한다. "Where is everyone?"

세 가지 상황에서 everyone의 의미는 모두 다릅니다. (1)에서는 가족들을, (2)에서는 자기편을 들어 주는 사람들을, (3)에서는 존재 여부를 모르는 외계 생명체를 말하고 있지요. 다시 말해, everyone의 의미는 사전 속이 아니라 사용의 맥락에서 결정됩니다.

텍스트의 맥락을 생각해 보는 일은 창조적이고 발산

---

* 노벨 물리학상을 수상한 이탈리아의 물리학자 엔리코 페르미가 한 말. 수많은 외계 문명이 존재한다는 가설이 도출되었지만 외계 생명체가 인류 앞에는 한 번도 나타나지 않은 상황을 두고 "모두 어디에 있지?"라는 질문을 던졌다.

적인 사고 발달에 도움을 줍니다. 나아가 언어의 본령이 단어나 문장 안에만 있는 것이 아니라, 이들이 세계와 만나는 방식에 있음을 깨닫게 해 줍니다. 여러분은 "Where is everyone?"에 어떤 맥락을 입혀 보고 싶습니까? 언어학습을 텍스트 이해하는 일을 넘어 콘텍스트를 창조하는 작업이라고 생각한다면 보다 즐겁게 영어를 배워 나갈 수 있을 것입니다.

정확은 부정확의 축적이다

외국어를 정확하게 말하기 위해 말을 아끼는 경우를 종종 봅니다. 다른 사람을 의식하여 정확성에 나름 자신이 생길 때까지 문장을 뚫어지게 쳐다보며 기다리지요. 여기에는 큰 함정이 있습니다. 정확하게 말하려면 오랜 시간 '부정확하게 말하기'를 반복해야 하기 때문입니다.

부정확에서 정확으로의 변화는 온/오프 스위치처럼 작동하지 않습니다. '부정확'不正確에서 '부'不를 떼어 내기 위해서는 부단한 노력이 필요합니다. 정확성이 발달하려면 부정확을 용인하고, 부정확하게 느껴지더라도 용기 있게 말하고, 나아가 부족한 자신을 사랑해야 합니다.

하지만 우리 사회는 부정확에 야유와 조롱을 보냅니다. '문법이 엉망이군'이라거나 '발음이 왜 저 모양이냐'는 눈빛이 도처에서 감지됩니다. 이는 우리에게 자신의 불완전을 수용하지 못하게끔 합니다. 목소리가 들려야 할 곳에 침묵을 가져오고, 부정확에 대해 과도하게 마음을 쓰도록 만듭니다. 때로는 자괴감까지 따라옵니다.

처음부터 완벽하게 말하는 사람은 없습니다. 모두 옹알이를 하고, 서툰 발음으로 말소리를 내고, '엄마'를 정확히 부르는 데만도 수십 개월이 걸렸습니다. 모국어 체계에 길들여진 상태에서 외국어를 배우는 상황이라면 더 어려울 수밖에 없죠.

"그 사람 발음 정말 이상한데 말은 다 통하더라." 이런 경우도 종종 있지요. 그런데 곰곰이 생각해 보니 발음이 안 좋아도 통하는 영어는 없습니다. 통하는 영어라면 발음이 좋은 것이죠.

'원어민과 같은 정확성'이라는 족쇄를 풀고 소통하려는 자세를 가질 때 좀 더 정확해질 수 있는 기회를 갖게 됩니다. 한 발짝 더 나아가는 용기와 함께 말은 자라납니다.

함께 기억하고 서로를 응원했으면 합니다.

언어와 문화 : 말에서 삶을 읽다

언어와 문화는 뫼비우스의 띠처럼 엮여 있습니다. 문화를 이해하려면 언어를 이해해야만 하고, 언어를 깊이 이해하려면 그 안에 녹아든 다양한 문화적 현상을 이해해야 하기 때문입니다. 영어도 예외는 아닙니다. 영어라는 말 속에 영미권의 역사와 문화가 그대로 담겨 있지요. 언어와 문화를 동시에 익히는 일은 언어에 문화적·역사적 결을 더하는 일입니다. 이번에는 언어 속의 문화를 탐구하며 영어를 공부하는 다섯 가지 방법을 소개하겠습니다.

1. 특정 표현의 유래를 따라가 보기

'as mad as a hatter'라는 표현을 봅시다. hatter는 모자를 만드는 사람을 말합니다. 처음 이 표현을 보았을 때 hatter와 mad가 무슨 상관인가 싶었지요. 찾아보니 산업 혁명기 노동자들의 비극적인 이야기가 담겨 있었습니다.

18-19세기 영국에서는 펠트로 모자를 만들었고, 펠트 생산에는 수은이 사용되었다고 합니다. 모자 공장에서 장기간 일한 노동자 가운데 수은 중독으로 정신이상 증세를 보이는 이들이 나타났고, 'as mad as a hatter'에 '미친'이라는 뜻이 담겼습니다.

'Turkeys voting for Christmas'라는 숙어도 재미있습니다. 말 그대로 해석하면 '칠면조가 크리스마스에 찬성표를 던진다'는 뜻인데요. 투표 등의 정치 행동에서 자살 행위를 하는 것을 지칭합니다. 영국에서는 1573년경부터 크리스마스에 칠면조를 먹기 시작했다고 전해지는데, 칠면조들이 크리스마스에 찬성한다면 자살행위나 다름없겠지요.

이처럼 특정한 숙어를 만났을 때 그 유래를 따라가 보면 언어와 문화의 유기적 관계를 엿볼 수 있습니다. 보다 다양한 숙어의 유래를 공부하고 싶다면 검색창에 English idioms and origins를 쳐 보세요.

2. 영어 메타포 익히기

흔히 메타포는 말을 다채롭게 꾸미는 장신구로 인식되지만, 보조 역할만 하는 것은 아닙니다. 메타포 속에 한 사회의 사고방식과 문화가 고스란히 들어 있기 때문이지요. 미국 문화를 이해하기 위해 반드시 알아야 하는 한 가지가 스포츠 비유입니다. 'covering all bases'는 가장 인기 있는 스포츠인 야구에서 나온 메타포입니다. 경기에서 모든 베이스를 커버한다는 뜻으로, 일상생활에서 쓰면 '모든 상황에 대비한다'는 뜻입니다. 'We've got all bases covered'는 '만반의 준비가 되어 있다'는 의미가 되지요. 미국 문화를 이해하는 데 야구나 미식축구 메타포를 빼놓을 수 없듯, 캐나다 문화를 이해하려면 아이스하키 메타포를 반드시 살펴보아야 합니다.

동물 메타포도 흥미롭습니다. 구글에서 animal metaphors나 sports metaphors를 검색하면 다양한 메타포를 공부할 수 있습니다. bird metaphors, dog metaphors, baseball metaphors, football metaphors와 같이 좀 더 세밀한 키워드로 검색해도 좋습니다.

3. 영어 속담을 익히고 실생활에 적용하기

뉘앙스는 살짝 다르지만 '피할 수 없으면 즐겨라'에 해당하는 영어 속담이 있습니다. 'If you can't beat 'em, join 'em'입니다. beat은 '이기다, 물리치다, 패배시키다'

라는 의미, join은 '~에 끼다/합류하다'로 해석할 수 있습니다. 'em은 them의 줄임말이지요. 직역하면 '물리칠 수 없다면 그 편에 끼어라'입니다.

살짝 비틀어서 새로운 문장을 만들어 보았습니다. Even though you can't beat 'em, never lose your identity(그들을 이길 수 없다고 해도 너 자신의 정체성을 잃지는 말아라). 상대를 이길 수 없다고 해서 그들과 똑같이 될 필요는 없다는 뜻을 담은 문장입니다.

그렇다면 'Absence makes the heart grow fonder'는 무슨 뜻일까요? absence는 '없음, 결석', fonder는 fond(좋아하는)의 비교급이지요. 따라서 '누군가가 없을 때 그 사람을 더욱 좋아하게 된다'는 의미가 됩니다. 평소에는 그리 친하지 않았던 친구인데 소셜미디어에서 사라지면 문득 보고 싶어지고, 같은 팀에서 늘 웃어 주던 옆 직원이 다른 부서로 자리를 옮기자 아쉬운 마음이 들 수도 있습니다. 이런 경우에 알맞은 속담입니다.

English proverbs list를 검색하면 영어 속담을 체계적으로 정리한 문서들을 찾을 수 있습니다. 속담을 통해 영미 문화에 담긴 사고방식을 익혀 보고 이를 각자의 삶에 적용해 본다면 그 의미가 머릿속에 더 깊이 새겨집니다.

4. 한국어와 영어 간 차이를 비교·대조하기

이는 문화 간 차이를 음미하면서 공부하는 방법으로, 한국어와 영어가 세계를 어떻게 묘사하고 설명하는지 비교, 대조해 보는 방식입니다.

'엎질러진 물이다'라는 속담은 영어로 'There's no use crying over spilt milk'라고 합니다. 이런 구문을 발견하면 "한국어에서는 물인데 영어에서는 우유로군" 하고 스스로에게 설명합니다. '바늘귀'는 영어로 'the eye of a needle'(바늘눈)입니다. '남의 떡이 커 보인다'는 'The grass is (always) greener (on the other side)'라고 표현합니다. 우리는 떡의 크기를 비교하지만 영어에서는 마당의 잔디 때깔을 비교하는군요.

우리말과 비슷한 표현도 있습니다. 엄청나게 큰 수를 뜻하는 천문학적이라는 표현은 영어로도 astronomical입니다. 조감도鳥瞰圖는 'a bird's-eye view'이고요. 상당히 유사하지요.

5. '올해의 단어' 살펴보기

옥스퍼드 사전에서 선정한 2018년 '올해의 단어'는

toxic입니다. '독성을 지닌, 해로운'이라는 뜻으로 chemical(화학물)이나 environment(환경)와 같은 물리적 개체 뿐 아니라 relationship(관계)이나 culture(문화)와 같은 사회적 개념과도 자주 쓰였습니다. 사용 빈도가 빠르게 늘었고, 문화적 현상을 기술하는 데에 오랜 기간 영향력을 유지할 단어라는 것이 선정 이유였습니다. 2016년에는 post-truth(탈진실), 2013년에는 selfie(셀카)가 올해의 단어로 선정된 바 있습니다.

해마다 선정되는 단어를 보면 그해를 관통하는 사회 현상과 문화 트렌드를 엿볼 수 있습니다. 검색엔진에 Oxford words of the year나 Merriam-Webster's words of the year를 입력하면 옥스퍼드 사전과 메리엄 웹스터 사전에서 선정한 단어를 볼 수 있고, 영문 위키피디아의 Word of the year 페이지에서는 다른 여러 기관에서 선정한 올해의 단어를 만날 수 있습니다.

Chapter 5 :

어휘학습의 원칙들

삶을 깨우고 영혼을 흔드는 단어들이 있습니다.

영어공부를 하며 만나는 단어들은 어떻습니까?

짝꿍과 함께 기억하라

단어를 공부하는 첫 번째 원칙은 '짝꿍과 함께 기억하라'입니다. '짝꿍'이란 함께 자주 나오는 단어들입니다. 영어교육에서는 '연달아 나오는 단어, 함께 등장하는 단어'라는 뜻에서 collocation이라고 부릅니다. co에는 '함께', locate에는 '등장하다, 발견되다'라는 뜻이 있지요.

우리가 가장 많이 쓰는 단어 암기법은 영어와 한국어를 짝으로 묶어 외우는 방법일 것입니다. score-점수, transfer-갈아타다, disproportionately-비율에 맞지 않게, 이런 식으로요. 단시간에 많은 단어를 외울 수 있어 초등학생부터 성인까지 두루 애용하지요.

하지만 여기에는 심각한 함정이 있습니다. 우리가 단어를 배우는 것은 이해하거나 사용하려는 목적인데 단어는 홀로 쓰이지 않기 때문입니다. 읽기와 듣기, 쓰기와 말하기 모두에서 문장의 일부분으로 등장합니다. transfer나 disproportionately를 보면 홀로 쓰이는 법이 거의 없습니다. transfer는 주로 to와 결합하여 transfer to의 형태로 많이 쓰이고, 이 뒤에는 교통수단이 자주 등장합니다. 지하철에서 자주 들을 수 있는 말이 바로 "You can transfer to the green line, line number 2"(녹색 노선, 2호선으로 갈아타실 수 있습니다)이지요. disproportionately는 affect나 impact와 결합해 "The disease disproportionately affected women and children"(그 질병은 다른 집단에 비해 여성과 아동에게 더 큰 영향을 미쳤다)이라는 문장을 이룹니다. 이처럼 함께 자주 쓰이는 transfer와 to, disproportionately와 affect를 '짝꿍단어'라고 부를 수 있습니다.

또 다른 상황도 있습니다. 한국어를 배우는 외국인이 동사 '입다'를 익혔습니다. 하지만 '입다' 하나만 가지고 할 수 있는 말은 별로 없습니다. '옷을 입다' 같은 용법부터 '상처를 입다', '은혜를 입다', '피해를 입다' 등과 같은 표현까지 알아야만 '입다'를 비로소 이해하고 활용할 수 있지요. '균형'이라는 명사도 마찬가지입니다. 발음, 철자, 의미를 익혔다고 말하기나 작문에 바로 쓸 수는 없습니다. 적어도 '균형을 잡다', '균형을 깨다'처럼 함께 쓰이는 동사를 익혀야 하지요. 나아가 '적절한 균형', '완벽한 균형'처럼 꾸밈말을 함께 알면 활용 범위가 더욱 넓어집니다.

이처럼 짝꿍단어를 익히면 이해에도 활용에도 큰 도움이 됩니다. strong과 coffee를 묶어 strong coffee(진한 커피)로 암기하거나, balance 앞에 자주 나오는 동사인 strike를 엮어 strike a balance(균형을 잡다)로 기억하면 좋습니다.

짝꿍단어 학습을 위해 가장 좋은 전략은 평상시 읽는 텍스트에서 '형용사＋명사', '동사＋명사', '명사＋전치사', '부사＋형용사' 등의 표현을 수집하는 것입니다. 읽기 자료에서 개별 단어만 뽑아내는 것이 아니라 짝꿍단어도 길어 올리는 방법입니다. '단어 암기'에 '짝꿍단어 암기'를 더해 텍스트를 공략하는 습관을 들여 보세요.

이와 함께 다양한 짝꿍단어 사전을 활용하면 좋습니

다. 웹에서 이용할 수 있는 대표적인 사전이 오즈딕ozdic.com입니다. 오즈딕에서 scream의 명사 의미를 찾으면 다음 결과가 나옵니다.

---

scream - noun

ADJ.

> **high-pitched, loud, piercing, shrill | muffled, stifled | blood-curdling, hysterical, terrible, terrified**

VERB + SCREAM

> **give, let out | hear**

SCREAM + VERB

> **echo, ring out**
> - *His screams echoed through the empty house.*

PREP.

> **with a ~**
> - *She reacted to the news with hysterical screams.*
>
> **| ~ for**
> - *a scream for help*
>
> **| ~ of**
> - *screams of laughter/terror*

일반 사전과는 구조가 다르지요? 정의와 예문, 해당 용례가 중심이 되는 일반 사전과는 달리, scream이 명사로 사용되는 경우에 자주 따라다니는 형용사ADJ, 동사 VERB, 전치사PREP가 정리되어 있습니다.

사전에서 단어를 찾고 모든 의미와 예문을 외우려 하지 않듯이, 짝꿍단어도 한꺼번에 암기할 필요는 없습니다. 제시된 항목을 훑어 가면서 친숙한 단어를 포함한 말들을 정리해 보는 것만으로도 좋은 공부가 됩니다.

"구슬이 서 말이라도 꿰어야 보배"라는 말처럼, 이미 아는 단어라도 문장 안에서 다른 단어들과 함께 쓸 수 있어야 제대로 안다고 할 수 있습니다. 뜻을 아는 것은 단어학습의 시작이지 끝이 아니라는 점을 기억하면 짝꿍단어를 공부하는 가치가 더욱 분명해집니다.

기본의미와 확장의미를 함께 고려하라

단어를 공부하는 두 번째 원칙은 단어의 의미를 깊게 아는 것입니다. 짝꿍을 함께 기억하라는 첫 번째 원칙이 단어들 사이의 '어울림'에 관한 것이라면, 두 번째 원칙은 개별 단어의 '내면'에 관한 것이라고 할 수 있습니다. 단어 속으로 한 발짝 더 들어가 보는 방법이지요.

run을 아느냐고 묻는다면 대부분이 그렇다고 대답할 겁니다. '달리다' 또는 '운영하다'라는 뜻을 언급하면서 말입니다. "run을 누가 몰라요?"라고 반문하는 분도 있겠지요. 하지만 '안다'를 어떻게 정의하느냐에 따라서 이 질문에 대한 답은 달라질 수 있습니다.

『교수와 광인』의 저자 사이먼 윈체스터에 따르면 동사 run의 뜻은 600개가 훌쩍 넘는다고 합니다.

(1) The bus runs twice a day.
(그 버스는 하루에 두 번 운행한다.)
(2) Tears ran down his cheek.
(눈물이 그의 뺨으로 흘러내렸다.)
(3) "Two killed in car accident," ran the headline.
(헤드라인은 "자동차 사고에서 두 명 사망"이라고 되어 있었다.)

이런 세세한 뜻까지 포함한다면 우리는 run이라는 동

사를 안다고 하기 힘들 겁니다. 수박 겉핥기 식으로 알 뿐이지요. 그렇기에 run을 깊이 이해하려면 기본의미 말고 다른 의미들도 생각하며 공부해야 합니다.

다음은 예전에 고교 독해를 가르치면서 단어학습용으로 고안한 과제입니다. 독해 지문에 나오는 단어를 정리하되, 다음 가이드라인을 따르도록 했습니다.

(1) 먼저 단어와 지문에 나온 뜻을 쓴다.

→ gravity (중력)

(2) 지문에 나온 문장을 그대로 옮겨 쓴다.

→ To solve this problem, it is important to understand Newton's law of gravity. (이 문제를 풀기 위해서는 뉴턴의 중력 법칙을 이해하는 것이 중요하다.)

(3) (2)에 나온 의미를 응용하여 영작한 문장을 적는다.

→ Newton's law of gravity has contributed significantly to the development of physics. (뉴턴의 중력 법칙은 물리학의 발전에 중대한 공헌을 했다.)

(4) 사전을 찾아 지문에서 쓰인 의미와 다른 의미를 찾아 뜻과 예문을 적는다.

→ gravity (심각성, 중대성)

→ Punishment varies according to the gravity of the offence. (처벌은 위반의 중대성에 따라 달라진다.)

(5) (4)에 나온 의미를 활용하여 영작한 문장을 적는다.

→ The detective usually deals with crimes of the utmost gravity. (그 탐정은 보통 극도로 심각한 범죄를 다룬다.)

이렇게 하면 배운 단어를 다시 한 번 복습하고 해당 단어의 새로운 의미를 공부할 수 있습니다. 각각의 의미를 기반으로 영작해 봄으로써 단어를 실제로 활용해 볼 수도 있습니다. 이를 통해 단어의 다의성, 즉 한 단어가 여러 뜻을 갖고 있음을 인지하고 다른 단어를 공부할 때에도 주의를 기울이게 됩니다.

일상에서 자주 쓰이는 단어들은 대개 뜻이 여러 개입니다. 사전에서 단어를 찾아보고 "왜 이렇게 뜻이 많아" 하고 놀란 경험이 다들 있을 겁니다. 즉 다의성은 예외적이라기보다는 전반적인 현상입니다. 한국어건 영어건 불어건 그 어떤 언어도 마찬가지입니다. 그렇다면 이처럼 다양한 뜻을 가진 단어들을 좀 더 효율적으로 공부할 수 있는 방법은 무엇일까요?

단순하지만 체계적인 방법이 하나 있습니다. '기본의미'와 '확장의미'를 긴밀히 연결하여 암기하는 방식입니다. (1)단어의 기본의미는 A다. (2)하지만 ○○과 연관되어 쓰이면 B라는 의미를, (3)◇◇와 연관되어 쓰이면 C라는 의미를 갖는다. 이제 이 공식에 따라 단어를 공부해 봅시다.

throw

(1) 기본의미: 던지다

(2) 타인을 향한 태도나 행위와 관련되면: (의심, 비난, 의혹 등을) 제기하다, 퍼붓다

→Protesters throw accusations at the government. (시위 참가자들이 정부에 비난을 퍼붓다.)

(3) 성격과 관련된 목적어를 취하면: (성질을) 부리다

→I don't know why my son throws tantrums very often. (아들이 왜 그리 자주 성질을 부리는지 모르겠어요.)

round

(1) 기본의미: 둥근, 원형의

(2) 숫자와 관련되면: 대략적인, 어림잡은

→ The size is given in round numbers. (크기는 대략적인 수치로 주어진다.)

(3) 목소리와 관련되면: 풍성한, 부드러운

→ She has such a round voice. (그녀는 굉장히 풍성한 목소리를 갖고 있다)

hit

(1) 기본의미: 때리기, 타격

(2) 유행과 관련되면: 인기작, 흥행작

→ The film was not a hit but mesmerized its viewers. (그 영화는 흥행하진 못했지만 관객들의 마음을 사로잡았다.)

(3) 검색엔진과 관련되면: 검색 결과 건수

→ The search returned over 200,000 hits. (검색 결과는 20만 건 이상이었다.)

이와 같은 암기법은 언어의 의미가 사회문화적으로, 또 역사적으로 확장되어 나가는 원리에 부합합니다. run 은 달린다는 기본의미에서 기업을 운영하거나 소프트웨어를 구동시킨다는 의미로 영역을 확장했습니다. 이는 우리가 새로운 맥락에서 기존 언어 자원을 활용할 수 있는 능력을 갖고 있기 때문입니다. 시쳇말로 '갖다 붙이는' 데 탁월한 능력이 있죠. 어휘 의미의 확장에 숨겨진 이러한 원리를 단어 공부에 활용하면 해당 단어를 더욱 깊이 이해할 수 있습니다. '달리다'를 넘어 run이 지닌 여러 의미를 알게 될 때 run을 '진짜로 안다'고 할 수 있겠지요.

짝꿍단어를 익히는 것은 단어의 친구들과 알고 지내는 것이라 할 수 있고, 단어의 기본의미와 확장의미를 함께 고려하는 것은 단어의 내면을 좀 더 깊이 살펴봄으로써 개별 단어와 더욱 친해지는 것이라고 할 수 있습니다. 이런 식으로 더욱 넓고 깊은 단어 공부가 가능해집니다.

단어, 자신만의 의미를 담는 그릇

단어의 뜻은 사전에만 있지 않습니다. 우리 삶 속에도 존재합니다. 다시 말해 단어는 공적인 의미와 사적인 의미를 모두 갖고 있습니다.

예를 들어 보겠습니다. 텀블러는 '손잡이가 없는 긴 잔이나 휴대용 물병'이라는 사전적 의미가 있지만, 저에게만큼은 '강의의 동반자', '겨울철 추운 거리의 소중한 친구'라는 의미도 있습니다. 누군가에게 후드티는 모자가 달린 패션 아이템으로의 의미가 크겠지만 제겐 바람을 막아 음악을 듣게 해 주는 고마운 '모바일 음악감상 공간'입니다.

우리 영어교육에서는 단어의 사전적 의미, 공적인 측면만이 강조되어 왔습니다. 학교 시험이, TOEIC이나 TOEFL 등 각종 표준화된 평가가, 여러 사교육 프로그램이 하나같이 '사전과 교재에 나와 있는 의미를 얼마나 잘 암기했느냐'에 초점을 맞추기 때문입니다. 그러는 사이에 우리가 단어를 대하는 방식은 딱딱하고 사무적으로 변해 갑니다. 살면서 갖게 된 단어에 대한 갖가지 '느낌'들은 좀처럼 언급되지 않습니다.

하지만 단어를 나만의 방식으로 정의하고, 의미 있다고 여기는 이야기를 불어넣음으로써 단어를 더욱 재미있게 공부할 수 있습니다. 시험 점수는 올라가지 않더라도 세상과 나의 경험이 더욱 풍부하고 새로워집니다. 단어와 온전히 만나는 것이죠.

이렇게 단어의 사적인 의미, 일상에서 쌓여 가는 뜻에 주목하는 단어학습법 두 가지를 소개하겠습니다.

1. 나만의 정의 만들기

이 활동에서는 특정 단어를 사전적으로 정의하는 것이 아니라 주관적으로 정의해 봅니다. 맞고 틀리고를 따지지 말고 나의 경험과 관점에서 묘사해 보세요. 저에게 couch potato는 '하루 종일 소파에서 TV 보는 사람'이 아니라 '바쁜 일에서 오는 스트레스를 최소한의 장비로 해소할 줄 아는 지혜를 가진 사람'a person who has the wisdom to relieve the stress from hectic work with a minimum set of devices이고, lazy는 '다른 이들이 부러워하는 삶의 속도를 즐기는'enjoying the pace of life that other people are envious of 것입니다. study는 '넷플릭스와 소셜미디어, 메신저 사이를 비집고 들어가기 위해 힘겨운 싸움을 벌인다'engage in a harsh struggle to get into the narrow chasms between Netflix, social media, and instant messengers는 뜻이 됩니다.

이렇게 단어를 자신의 말로 풀어 보는 것은 언어 감수성을 키워 주고 창의성을 높여 줍니다. 무엇보다 재미가 있지요. 단어 뜻 암기에 나만의 단어 정의 활동을 더함으로써 언어학습의 균형을 맞출 수 있습니다.

2. 단어 에세이 쓰기

이 방법은 단어 관련 정보, 단어를 보면 생각나는 이야기들을 엮어 짧은 에세이를 써 내는 것입니다.

그게 무슨 단어 공부냐고요? 분명 전통적인 단어 암기법은 아니지요. 하지만 단어 공부가 반드시 단어의 뜻을 짤막하게 정의하는 활동일 필요는 없습니다. 단어를 가지고 내가 가진 기억과 경험을 구슬처럼 꿰어 보는 활동 또한 훌륭한 공부가 될 수 있습니다.

remember를 가지고 썼던 짧은 글 한 편을 소개합니다. 글을 써 내려가면서 이미 다 알고 있다고 생각했던 remember가 새로운 의미로 다가왔습니다.

Remember, 기억과 존엄

철학자이자 시인, 소설가, 수필가인 조지 산타야나는 인상 깊은 말을 여럿 남겼습니다. 그중에서도 "Those who cannot remember the past are condemned to repeat it"(과거를 기억하지 못하는 이들은 그대로 되풀이할 수밖에 없는 운명에 처한다)은 많은 이가 기억하는 명언입니다.

"Perhaps the only true dignity of man is his capacity to despise himself"(아마도 인간이 가진 단 하나의 진정한 존엄성은 자기 자신을 경멸하는 능력일지 모른다)라는 말도 좋아합니다. 인간에게는 경멸하는 능력, 특히 자기 자신의 사악함, 이중성, 비윤리성을 경멸하는 능력이 있기에 그존엄이 유지된다는 뜻일 겁니다.

하지만 우리의 현대사는 부끄러운 과거를 참회하기보다는 잘못을 어떤 식으로든 덮으려는 시도로 점철되어 있습니다. 우리에게 필요한 것은 비난으로부터 자신을 방어할 수 있는 정치적 술수가 아니라, 스스로의 잘못을 경멸할 수 있는 능력임에도 불구하고 말입니다.

"기억하는 일은 우리의 존엄을 지켜내는 일"To remember is to protect our dignity입니다. 함께 역사를 기억하고 부끄러운 일들을 경멸할 수 있는 우리였으면 좋겠습니다.

단어 수집가 & 큐레이터 되기

단어 공부의 네 번째 원칙은 "수집가가 되자"라는 슬로건으로 요약할 수 있습니다. 이는 특정 지문에서 모르는 단어를 외우거나 단어집을 사서 외우는 공부와는 많이 다릅니다. 단어를 모으는 기준을 스스로 정하거든요. 주어지는 단어를 수동적으로 외우는 대신 세상의 수많은 단어들을 자신만의 방식으로 꿰는 '단어 큐레이터'가 되는 것입니다. 제가 썼던 세 가지 방법을 소개합니다.

1. '재미난 짝꿍단어' 수집

오래전에 글을 읽다가 'strike a balance'라는 표현을 만났습니다. strike(때리다)가 balance와 같이 쓰이니 신기했죠. 사전을 찾고 검색을 해 보니 '균형을 잡다'라는 의미로 상당히 많이 쓰이는 표현이더군요. 여기서 'strike a chord'(동의나 공감을 불러일으키다)라는 표현도 떠올랐습니다. 이후로 조금 특이한 짝꿍단어들을 모으기 시작했습니다. 몇 가지 예입니다.

bat an eye (눈을 깜빡이다)

→ 'without batting an eye' 형태로 자주 등장. 우리말
'눈 하나 깜짝 안하고'와 상당히 비슷한 느낌.

cut a deal (거래를 성사시키다)

→ cut 때문에 거래를 깨는 것으로 오해할 수 있지만,
건물을 지을 때 주요 인사들이 모여 테이프 커팅 하는
장면을 떠올려 보면 거래가 깨지는 게 아니라 시작된다는
것을 기억하기 쉽다.

a friendly fire (아군의 총탄)

→ 처음 봤을 때는 '친근한 총격'이라고 직역하고는
'아군의 엄호'라는 뜻으로 짐작했는데 완전히 틀린
생각이었다. 여기서 friendly는 '친근한'이 아니라 '아군의,
우리 편의'라는 뜻으로 a friendly fire는 '아군이 쏜
총탄'이었다. 양차대전 당시 아군의 총격으로 죽은 군인이
상당수였다고.

a standing invitation (항시적인 초대)

→ '언제든지 와도 좋다'는 의미가 들어 있다. 초대장의

유효기간이 없다는 뜻.

2. '전치사 뒤에 전치사'가 오는 표현 수집

중고등학교 시절에 '전치사 다음에는 명사(구)가 온다'고 배웠습니다. 맞는 말입니다. 명사가 오는 경우가 대부분이죠. 하지만 from 다음에 전치사구가 나오는 경우도 있습니다. 'from under the table'(책상 밑에서)을 접하고 나서 비슷한 표현을 모으기 시작했습니다.

> from behind the table (책상 뒤편에서)
>
> from down the road (길 저쪽에서부터)
>
> from across the fence (담장 반대편에서)
>
> from around the world (세계 각지에서)

3. 미술 관련 용어 수집

여기에는 '미술 용어의 화려한 변신'이라는 이름을 붙여 보겠습니다. 맨 처음 주의를 끈 것은 etch(새기다)의 또다른 의미였습니다. 에칭etching은 부식 작용을 이용하는 판화 기법이지요. 그런데 비유적으로 '뚜렷이 드러나다'라는 뜻도 됩니다. "Frustration was etched on the father's face. His daughter was still missing and his life was miserable"라고 하면 "아버지의 얼굴에는 좌절의 기색이 <u>뚜렷했다</u>. 딸은 여전히 행방불명이었고, 그의 삶은 비참했다"라는 의미입니다. 얼굴에 새겨져 있으니 어찌 숨길 수 있겠습니까. 이후에 미술 관련 용어들을 만날 때마다 정리를 해 보았습니다.

canvas (캔버스)

→ '유화'라는 뜻도 있다.

→ The old artist's <u>canvases</u> are unbelievably pleasant. (노화가의 <u>유화</u>는 믿을 수 없을 정도로 유쾌하다.)

→ 권투 등의 '링의 바닥'도 canvas라고 표현. 그래서 kiss the <u>canvas</u>는 '바닥에 완전히 뻗은 상태'를 말한다고. 술을 과하게 마신 친구들이 종종 하는 경험.

brush (붓, 쓸다)

→ '스쳐 지나가다'라는 뜻으로도 쓰인다.

→ The angel <u>brushed</u> the man. How tragic! (천사는 남자를 <u>스치듯 지나갔다</u>. 이 얼마나 비극적인가!)

→by를 붙여 brush by라고도 쓴다. by가 옆을 스쳐 간다는 느낌을 더해 준다.

sketch (스케치, 개요)
→'토막극'이라는 뜻도 있다.
→The comedians did a sketch about three men living together in a dorm room. (그 코미디언들은 룸메이트인 세 남자에 관한 토막극을 공연했다.)

gallery (미술관, 좁고 길쭉한 방)
→'(표 값이 가장 싼) 최상층 객석'이라는 뜻이 있다.
→'(광산이나 지하 동굴의) 수평 갱도'라는 뜻도 있는데, 꽤 낯선 의미.
→골프를 보러 온 관중도 갤러리라 불린다.

portrait (인물화)
→'(상세한) 묘사'라는 뜻으로도 종종 쓰인다. 회화뿐 아니라 문학이나 영화 등을 이야기할 때도 쓸 수 있다.
→The movie is a poignant portrait of an unemployed man's life in Seoul. (그 영화는 실직한

남자의 서울 생활을 통렬하게 묘사한다.)

palette (팔레트)
→ 화가가 쓰는 '색조'를 통칭하기도 한다.
→ Purples and oranges are the artist's favorite
palette. (그는 자주와 오렌지 색조를 가장 즐겨 쓴다.)

texture (직물의 감촉이나 질감)
→ '식감'이라는 뜻도 있고, 예술에서 여러 요소들의
'조화'를 의미하기도 한다.
→ I could appreciate the rich texture of the new
interpretation of the sonata. (소나타의 새로운
해석에서 여러 요소들의 풍부한 조화를 느낄 수 있었다.)

craft (공예)
→ '배'라는 뜻도 있다고. 그래서 aircraft(항공기)라는
단어가 나온 듯. landing craft는 '뭍에 오를 수 있는
상륙선'이다.

이런 방법들을 써서 단어 공부를 재미있게 할 수 있었

습니다. 함께 공부했던 한 학생은 '마인크래프트 영어메뉴 통달하기'를 주제로 잡았었죠. 여러분은 어떤 단어 수집가, 단어 큐레이터가 되어 보시렵니까?

변신하는 단어를 추적하라

중학생 친구에게 이런 질문을 받은 적이 있습니다.

"선생님, 단어들이 왜 이렇게 뜻이 많아요? 이 중에서 몇 개나 외워야 돼요?"

단순해 보이지만 언어 작동의 핵심 원리인 다의성을 간파한 날카로운 질문이었습니다. 한 단어에는 하나의 뜻만 있는 것이 아닙니다. 사전을 넘기다 보면 뜻이 수십 개인 단어도 수두룩합니다.

'개인의 사회적 역할과 정체성'을 생각해 보면 다의성의 원리도 유추할 수 있습니다. 우리는 저마다 학교, 직장, 학원, 집, 동호회, 동문회, 향우회, 친구 모임, 온라인 커뮤니티 등등 여러 사회집단에 소속되어 살아갑니다. 각각의 집단에서 보이는 모습은 조금씩 다릅니다. 단체의 성격에 따라, 구성원과의 관계에 따라, 맡은 일에 따라 그리고 자신이 사람들에게 어떻게 이해되길 바라는지에 따라 말과 행동, 옷차림까지도 달라집니다. 사회적 소속과 역할에 따라 다양한 정체성이 발현된다고 할 수 있습니다.

직장 상사 대하듯 친구를 대하거나, 엄마하고 하듯 선생님과 이야기하지는 않지요? 나는 분명 한 사람이지만 맥락에 따라 여러 모습을 보입니다. 모든 상황에서 똑같이 말하고 행동한다면 아마 큰일 날 겁니다.

단어도 마찬가지입니다. 한 단어가 수많은 상황에 쓰이고, 개별 상황마다 그 행동이 조금씩 변합니다. 다시 말해 어떤 상황에서 어떤 단어들과 어울리느냐에 따라 그 의미가 달라집니다.

그런데 단어가 유난히 '과감한' 변화를 할 때가 있습니다. 바로 품사가 변환되는 경우입니다. 예를 들어 set은 동사 '정하다, 놓다' 등의 뜻으로 자주 쓰이지만 명사 '집합'으로도 쓰이지요. 이렇게 변신하는 단어들을 차곡차곡 쌓아 두는 방식으로 효율적으로 단어 공부를 할 수 있습니다.

우리가 잘 아는 명사 heart(심장, 마음)는 구어에서 동사로도 쓰입니다. 예를 들어 보겠습니다. A라는 친구가 B가 사는 동네로 이사를 왔습니다. A는 자동차 정비를 받으러 가야 해서 B에게 어디가 좋은지 묻습니다. B는 "Aaron Driveway에 있는 'Kim's Auto에 가서 Kim을 찾아봐' 하고 알려 주었습니다. A는 Kim을 찾아가 차를 잘 고쳤습니다. 이후 A는 B와 다음과 같은 메시지를 주고받습니다.

A : I heart Kim. (정비사 Kim, 정말 마음에 들어.)
B : Yes. Kim is definitely heartable. (맞아. Kim 좋아할 만해.)

여기서 heart는 '뭔가를 무척 마음에 들어 하다'라는 동사로 쓰였습니다. 신체 각 부분은 동사로 쓰이는 경우가 많습니다. head(머리)는 '~로 향하다', toe(발가락)은 '발로 밀거나 건드리다'라는 동사로도 쓰이지요. 이처럼 한 단어가 여러 품사로 쓰일 때의 의미를 함께 알아 두면 단어를 좀 더 자유롭게 구사할 수 있습니다. 특히 명사와 동사를 겸하는 단어에 주목해서 공부하면 퍽 유용합니다.

arm (팔): 무장시키다
→ armed forces (무장병력, 군대)
→ The Armed Forces were in a troubling position

in the middle of the battle. (군은 전투 중에 위험한 상황에 빠졌다.)

shoulder (어깨): 책임이나 부담을 지다
→ shoulder the cost of (~의 비용을 부담하다)
→ The company will not be able to shoulder the cost of its new projects. (회사는 새로운 프로젝트의 비용을 부담할 수 없을 것이다.)

foot (발): ~에서 춤추다, 계산하다
→ foot the bill for (~의 비용을 계산하다, 부담하다)
→ His father could not foot the bill for his college education. (그의 아버지는 그의 대학 교육 비용을 부담해 줄 수 없었다.)

hand (손): 건네주다
→ hand a letter to (~에게 편지를 건네주다)
→ Will you hand this letter to Juliet? (이 편지를 줄리엣에게 전해 주시겠어요?)

knee (무릎): (무릎으로) 걸어차다

→ knee someone in the chest (가슴에 니킥을 날리다)

→ It is a lie that the policeman <u>kneed him in the</u> <u>chest</u>. (그 경찰관이 그 남자 가슴에 니킥을 날렸다는 건 거짓말입니다.)

finger (손가락): (손가락으로) 연주하다, 건드리다, 지목하다

→ When the female witness <u>fingered</u> the gentleman, everyone got shocked. (여자 목격자가 신사를 <u>지목하자</u> 모두가 충격에 빠졌다.)

back (등): 지지하다

→ Every member <u>backed</u> the change. (모든 구성원이 변화를 <u>지지했다</u>.)

품사가 헷갈리는 단어에 주목하는 것도 효율적인 단어 학습법입니다. costly(비싼)나 friendly(친절한)는 부사처럼 생겼지만 형용사입니다. 형용사처럼 생겼는데 부사로 사용되는 단어는 특히 흥미롭습니다. 다음 예문에서는 보

통 형용사로 쓰이는 clean, false, big, wrong, short가
동사를 꾸미는 부사 역할을 하고 있습니다.

clean forget (까맣게 잊다)

→He meant to call his teacher but clean
forgot. (그는 선생님한테 전화할 생각이었는데 까맣게
잊어버렸다.)

play somebody false (속이다, 배반하다)

→The salesperson played the old lady false.
(그 판매원은 할머니를 속였다.)

talk big (호언장담하다, 허풍을 떨다)

→He talked big, using technical terms in
linguistics. (그는 언어학 분야의 기술적 용어를 사용하며
거들먹거렸다.)

guess right/wrong (올바르게/틀리게 추측하다)

→He guessed wrong about how much money he
would need. (얼마나 많은 돈이 필요할지에 대한 그의

추측은 틀렸다.)

pull up short (급정지하다, 갑자기 멈추다)
→ A deer suddenly jumped into the road and the
driver had to pull up short. (사슴이 갑자기 길로
뛰어들었고 운전사는 차를 급히 멈춰야 했다.)

이런 '변신'의 예를 발견할 때마다 기록하고 기억해 두
면 좋습니다. cheap, clean, clear, close, dead, direct,
easy, fair, false, firm, flat, high, large, loud, low,
mighty, quick, right, round, sharp, short, slow,
soft, sound, strong, sure, tight, wide, wrong 등도
형용사처럼 생겼으면서 부사 역할을 종종 해내는 단어들입
니다. 몇 가지 더 예를 들어 보죠.

The room was dead silent. (그 방은 쥐 죽은 듯
고요했다.)
We flew direct to New York. (우리는 곧바로 뉴욕으로
날아갔다.)
The candidate held firm to her progressive

agenda. (후보는 그녀의 진보적 의제를 <u>굳건히</u> 고수했다.)

He entered the office at seven o'clock <u>sharp</u>. (그는 <u>정확히</u> 일곱 시에 사무실에 들어섰다.)

What are you talking about? I was <u>wide</u> awake. (무슨 소리야? 나 <u>완전히</u> 깨 있었는데.)

그러고 보니 자주 쓰는 인사 중에도 관련 예문이 있군요. "Good night, sleep tight!"에서 tight가 '푹'이라는 부사로 쓰였네요.

언어는 유연합니다. 하나의 품사 안에 갇혀 있지 않은 단어도 많고요. 그런 면에서 보자면 종종 '예외'라고 불리는 이런 단어들이 결코 예외가 아닐지도 모르겠습니다.

Chapter 6 :

문법공부, 생각의 전환

문법은 문장 구조를 바꾸어 다른 의미를 만듭니다.
말하는 이도 듣는 이도 완전히 다른 세계에 접속합니다.
말의 질서는 삶의 모양을 빚어냅니다.

영문법, 형법이 아니라 마법 상자로

"문법을 꼭 배워야 돼요?"

영어교육, 특히 초등 영어교육과 관련하여 매우 자주 받는 질문입니다. 성인이야 배우라고 하겠지만, 어린 학생에게는 간단히 대답할 수 없는 문제입니다. 하지만 문법을 어떻게 이해하고 활용할 것인가를 생각해 보면 의미 있는 답을 이끌어 낼 수 있습니다.

문법을 바라보는 관점은 여럿이지만, '문법 교육이 필요한가'라는 주제와 관련해 두 가지 개념을 검토해 보지요.

1. '형법'으로서의 문법

언어라는 세계에는 엄격한 법칙이 존재하는데 이것이 문법입니다. 다양한 문법 규칙은 형법 세부조항이고, 이를 어기는 일은 범법 행위입니다. 문법은 감시하고, 배제하고, 처벌합니다. 문법을 지키지 못하는 사람은 언어라는 세계의 시민이 될 자격이 없습니다.

그런데 문제는 처음부터 완벽한 문법을 구사하는 사람은 있을 수 없다는 사실입니다. 이는 모국어와 외국어 모두에 해당합니다. 언어는 오랜 기간 서서히 성장하고 발달합니다. 몇 가지 사항을 열심히 암기한다고 해서 짠~ 하고 문법이 완성될 수는 없죠.

피겨 스케이팅에 입문하는 사람에게 프로 선수의 점프를 요구하거나 피아노를 처음 배우는 학생에게 정교한 연주 기술을 요구하진 않습니다. 하지만 유독 영문법을 가르칠 때는 처음부터 정확성을 요구합니다. 문법책들은 "규칙을 배웠으니 올바르게 쓰는지 볼까?", "얼마나 틀리나 한번 보자" 하고 속삭이죠. 적지 않은 교사들은 이 논리를 그대로 받아들여 가르칩니다.

이 상황에서 학생들은 '잠재적 범법자'가 됩니다. 말을 하고 싶어도 틀릴까 봐, 놀림당할까 봐 입을 닫습니다. 글을 써도 정확성이 늘 걱정입니다. 결국 문법을 배우면서 언어의 아름다움과 가능성을 발견하기보다는 '나는 틀리기만 하는 사람'이라는 그릇된 정체성을 키우기 일쑤입니다.

2. '의미를 만드는 마법도구'로서의 문법

이 관점에서 문법은 다양한 의미를 끝도 없이 만들어 낼 수 있는 놀라운 도구입니다. 몇 가지 도구를 적절히 활용하면 생각을 표현할 수도 설명할 수도 주장을 펼칠 수도 상상의 세계를 만들어 낼 수도 있습니다. 약속도 고백도 유혹도 심지어는 배신도 할 수 있지요. 이러한 문법은 우리를 규제하기보다는 자유를 줍니다.

한 가지 예를 들어 보겠습니다. 영어에서 가장 큰 비중을 차지하는 3형식 문장은 전통적인 문법에서 대개 다음과 같이 설명됩니다.

S+V+O
주어+동사+목적어
주어(행동하는 사람)+동사(행동)+목적어(행동의 대상)

틀린 말은 하나도 없습니다. 그러나 이런 설명을 보면

십중팔구 압박을 느끼게 됩니다. 실제로 문법 용어를 이해하지 못해서 중학교 때 영어가 싫어졌다는 학생들이 적지 않습니다. 무엇보다 이 설명에는 구체적인 의미가 빠져 있습니다. 구조만 달랑 있는 겁니다. 뼈만 앙상한 엑스레이 사진이랄까요.

그래서 저는 아이들에게 이 구문을 가르칠 때 이렇게 설명합니다.

"자자, 오늘은 영어로 거짓말하는 사람을 잡아내 볼 거예요. 우연히 철민이가 동철이를 미는 걸 봤다고 해 봐요. 철민이가 - 동철이를 - 밀었다. 그럼 push라는 동사를 써서 '철민 pushed 동철'이라고 쓰면 됩니다. 철민이가 - 밀었다 - 동철이를. 영어에서는 이 순서죠.

그런데 순서를 바꿔서 '동철 pushed 철민'이라고 하면 무슨 뜻이 될까요? 동철이가 철민이를 밀었다는 의미가 되죠. 실제 있었던 일과 완전히 반대예요. 이렇게 순서를 샤샤샥~ 바꾸면 거짓말이 되는 겁니다. 그럼 다음에 누군가가 이렇게 순서를 바꾸면 '거짓말이네' 할 수 있겠죠?

이런 문장 형식을 가지고 거짓말만 할 수 있는 건 아니에요. 좀 더 멋진 일도 가능하죠. 상상의 세계로 들어갈 수도 있거든요. 무슨 말이냐고요?

hit은 '들이받다', '충돌하다' 이런 뜻이에요. '자전거가 벽을 들이받았다'는 'A bicycle hit the wall'이 되지요. 조심하지 않으면 이런 일이 벌어지겠죠?

여러분, 벽이 움직이는 거 봤어요? 맞아요. 절대 안 움직이죠. 하지만 'The wall hit a bicycle'이라고 하면 어떻게 될까요? '벽이 자전거를 들이받았다'가 되어 버리죠? 일어날 수가 없는 일이에요. 벽이 자전거를 들이받다니요.

그런데 생각해 보면 이게 상상의 세계에서는 가능하잖아요. 밤이면 몰래 움직이는 벽이 있어요. 만날 같은 자리에 꼼짝없이 있어야만 하는 벽이 너무 답답해서 가끔 기지개를 켜는 거예요. 으쌰으쌰. 팔도 쭉 펴고 허리도 굽혀 보고 다리도 휘이휘이 움직이고. 아무도 모르는 야심한 밤에만 일어나는 일이에요.

그러던 어느 날, 조심성 없이 막 움직이다가 옆에 서 있는 자전거 하나를 받아 버린 거죠. 이런 상황이라면 'The wall hit a bicycle'이라고 할 수 있을 거예요. 다음 날 자전거 주인은 어리둥절하겠죠. '벽이 움직이는 것도 아니고 말이지!' 이러면서요."

이렇게 주어+동사+목적어 구문을 가르치되 구조에 그치지 않고 이를 통해 적극적으로 의미를 만들어 내게끔

할 수 있습니다. 거짓말도 할 수 있고, 상상의 세계를 창조할 수도 있습니다. 이 간단한 형식 하나만 갖고도 많은 이야기를 할 수가 있습니다. '주어 + 동사 + 목적어'라는 체계가 '지켜야 할 법칙'이라기보다는 '사실을 설명하거나 왜곡할 수도, 상상의 세계를 만들 수도 있는 마법의 도구'로 제시되고 있죠. 규제하는 문법이 아니라 의미를 만드는 문법으로요.

처음에 제기한 문제로 돌아가 보겠습니다. 문법을 꼭 배워야 할까요?

외국어로서 영어를 배우는 상황에서 문법은 필요하다는 것이 연구자들의 중론입니다. 하지만 기존의 문법 교육을 지배했던 '형법으로서의 문법'은 학생들을 '잠재적 범법자'로 만들고, 언어에 대한 흥미를 잃게 할 수 있습니다. 이에 비해 '의미를 만들어 내는 마법도구'로서의 문법은 새로운 언어를 통해 새로운 세계를 만드는 법을 가르쳐 줍니다. 문법 교육을 통해 '언어는 또 다른 세계를 생성한다'는 말이 무슨 뜻인지 알려 줄 수 있습니다.

이제 문법을 공부하느냐 마느냐가 아니라, 어떤 문법을 어떻게 가르치고 배울까를 고민할 때입니다. 수십 년간

이어진 '법칙 제시 → 문제 풀이 → 채점 → 자괴감'의 고리를 끊고, 의미를 만드는 도구로서의 문법을 가르쳐야 합니다. 의미를 만들고 이를 통해 세계를 창조하는 능력, 이는 인간을 인간이게 하는 중요한 특징이니까요.

문법, 맥락과 결합하여 의미를 만들다

"Practice makes perfect"(연습하다 보면 완벽해진다)라는 말이 있지요. 논란이 좀 있긴 하지만 자주 인용되는 '1만 시간의 법칙'과 통하는 표현입니다. 이 문장을 분석해 보면 매우 간단한 구조가 나옵니다. 바로 A makes B입니다.

매우 단순한 구문이지만, make를 다른 동사로 살짝 바꾸거나 적절한 맥락과 결합시키면 풍부한 의미를 전달할 수 있습니다. 이 초간단 문형으로 몇 가지 문장을 만들어 보았습니다.

Make-up makes money. (메이크업은 돈이 된다.)

→ 누군가 화장하는 법을 유튜브에 올려서 엄청난 돈을 벌었을 때 할 수 있는 말. 여기서 make-up은 화장 자체라기보다는 '화장하는 법을 연구해서 만든 영상'을 함축하는 말이다. 돈 되는 일은 무엇이라도 make-up 자리에 넣을 수 있다. 메이크업을 하면서 삶의 기쁨을 얻게 되었다면 "Make-up makes joy"라는 표현도 가능.

No-dress brings popularity. (옷을 안 입어서 유명해지다.)
→ 어떤 사람이 정치적 주장을 관철시키기 위해 누드 시위를 벌인다. 많은 언론이 그에게 주목하고 순식간에 대중의 지지를 얻게 된다면? 이 상황에서 나올 법한 표현이다. 좋은 옷을 입고 다녀서 유명해질 수도 있지만 알몸이 되어 유명해질 수도 있다. 물론 그렇게 얻은 유명세에 대한 판단은 저마다 다르겠지만.

Persistence makes jokes. (굴하지 않으면 조크가 된다.)
→ 재미없는 조크를 줄기차게 하고 다니는 사람이 있다. 아무도 웃지 않는다. 그런데 끝까지 밀어붙이니까

이제 사람들이 "아, ○○식 유머"라고 인정한다. 나름
재미있어하는 사람들도 생겨났다. 이런 상황에서 쓸 수
있는 표현.

Expediency creates illusion. (신속함은 착각을
불러일으킨다.)
→ 출판사의 문을 두드리는 무명작가가 있다. 원고를
보내고 답을 받아 본 적이 없다. 무슨 대꾸라도 있으면
좋을 텐데. 그런데 이번에는 웬일인지 원고를 보낸 지
24시간도 안 되어 "잘 읽어 보겠다"는 답장을 받았다.
이렇게 빨리 답장이 오다니! 뭔가 잘될 것만 같다. 이 경우
'빠른 처리' 덕에 잘될 것 같다는 '환상'이 생길 수 있다.
그런데 사실 이 편집자는 이메일 답장을 바로 보내지
않고는 못 견디는 결벽증을 가지고 있을지도.

A makes/creates B 구조뿐만 아니라 어떤 문법 구
조든 적절한 어휘와 맥락을 만나면 굉장한 능력을 발휘합
니다. 특정한 맥락을 만나면 거기에 쓸 수 있는 문법 구조
를 떠올려 보세요. 특정한 문법 구조를 만나면 이와 잘 어
울리는 문맥을 생각해 보세요. 이 과정 속에서 암기해야 하

는 문법이 아니라 삶을 포착하고 표현해 내는 문법을 익힐 수 있습니다.

규칙과 예문을 외우는 데서 그치는 문법은 반쪽일 수밖에 없습니다. 언어의 구조와 삶의 맥락 사이의 유기적 관계를 탐구하는 것이 온전한 문법 공부입니다.

관사학습의 원칙 : 텍스트로 공부하라

영어에서 가장 많이 나오는 단어는 무엇일까요? 부동의 1위는 정관사 the입니다. 보통 텍스트의 5~6퍼센트를 차지한다고 합니다. 스무 단어 가운데 하나 꼴이니 꽤나 빈번하지요.

그런데 좀 이상합니다. 인풋 가설에 따르면 우리는 the 전문가여야 합니다. 문장을 읽으면서 '이해 가능한' the를 수없이 접하니까요. 그렇다면 the 사용에 별 문제가 없어야 하지요. 그럼에도 관사 사용을 넘을 수 없는 벽으로 느끼는 분들이 굉장히 많습니다. 저도 예외는 아닙니다. '어차피 안 될 거 뭘 그리 신경 쓰나' 하는 심정이 충분히 이해됩니다. 관사의 바다 속에서 관사를 제대로 보지 못하는, 등잔 밑이 어두운 상황이 계속되는 셈이지요.

관사를 쓰지 않는 한국어 화자에게 영어 관사는 당연히 어렵습니다. 교수법에도 문제가 있죠. 관사는 개념적으로 상당히 복잡해서 이해가 쉽지 않은데, 이를 잘 풀어서 가르치는 교사도 많지 않습니다. 어려우면 더 쉽게 정리해서 명확히 가르쳐야 하는데, "어차피 안 될 텐데", "차차 공부하다 보면 실력이 늘고, 실력이 올라가면 이해가 되겠지" 하며 대충 얼버무립니다. 요즘은 좀 나아진 것 같지만, 제 경험상 대부분의 관사 교수법은 '될 대로 되라' 식이었습니다.

사실 극소수 직군을 빼면 완벽한 문법을 구사해야 할 이유는 없습니다. 비단 관사만의 문제는 아니고 문법 전반이 그렇습니다. 의사소통에 심각한 지장을 주지 않는 선에서 영어를 하면 되고, 정확하고 엄밀하게 써야 할 때는 타인의 도움을 받으면 됩니다.

하지만 한편으로 언어학습이 '아주 작은 변화'를 쌓아가는 과정임을 기억했으면 합니다. "어차피 안 돼" 하고 체념하기보다는 조금씩 내공을 쌓는 거죠. 세상 모든 배움이 그렇듯 하루하루 한 발짝 한 발짝 내딛는 수밖에요. 그래서 관사 강의를 할 때면 저는 이렇게 말합니다.

"저도 틀립니다. 그런데 공부하기 전보다는 훨씬 덜 틀려요. 덜 틀리면 기분이 좋더라고요. 나아지고 있다고 느껴지면 뿌듯하고요."

저처럼 '점점 덜 틀리는 것'도 나름 괜찮다고 생각하며 관사를 공부해 보세요. 일단 두 가지를 기억해야 합니다.

첫째, 관사는 정관사와 부정관사로 나뉘는 것이 아니라 정관사, 부정관사, 무관사로 나뉩니다. 즉 "a냐, the냐"가 아니라 "a냐, the냐, 아니면 아무것도 쓰지 말아야 하는 거냐"라고 물어야 합니다. 올바른 질문을 던져야만 올바른 방향으로 학습이 이루어질 수 있습니다.

이런 질문을 가지고 문법책의 관사 부분을 꼼꼼하게 다시 한 번 살핀다면, 조금은 다른 각도에서 설명과 예문을 공부하게 될 겁니다.

둘째, 관사를 문법책뿐 아니라 텍스트 안에서 발견하고 분석하려고 노력해야 합니다. 해당 문법을 설명하기 위해 골라 놓은 예문은 이해가 잘 됩니다. 그럴 수밖에 없는 것이 설명에 딱 맞는 예문들만 모아 놓았거든요. 하지만 관사는 복잡한 문법 현상입니다. 좀 더 긴 텍스트 안에서 어떻게 쓰이는지를 유심히 살피면 관사를 이해하는 데 큰 도움이 됩니다.

제가 쓰는 방법을 소개하지요. (1)먼저 자주 접하는 글을 고릅니다. (2)내용을 이해하며 한 번 읽습니다. (3)관사 (a, the, 무관사)가 나오는 모든 예에 밑줄을 칩니다. (4)각각의 경우에 왜 a 또는 the가 쓰였는지, 왜 관사가 쓰이지 않았는지 메모합니다. (5)이해가 되지 않는 부분은 메모해 두었다가 나중에 검색을 통해 확인하거나 관사 사용에 익숙한 사람에게 질문합니다.

그럼 위키피디아에서 가수 아델을 소개한 페이지를 보면서 실제로 한번 해 볼까요?

Adele Laurie Blue Adkins MBE (/əˈdɛl/; born 5 May 1988) is an English singer and songwriter. After graduating from the BRIT School for Performing Arts and Technology in 2006, Adele signed a recording contract with XL Recordings. In 2007, she received the Brit Awards "Critics' Choice" award and won the BBC Sound of 2008 poll. Her debut album, 19, was released in 2008 to commercial and critical success. It is certified seven times platinum in the UK, and three times platinum in the US. The album contains her first song, "Hometown Glory", written when she was 16, which is based on her home suburb of West Norwood in London. An appearance she made on Saturday Night Live in late 2008 boosted her career in the US. At the 51st Grammy Awards in 2009, Adele received the awards for Best New Artist and Best Female Pop Vocal Performance.

→Adele Laurie Blue Adkins MBE: 사람 이름 앞에는 보통 무관사

→an English singer and songwriter: 직업을 가진 수많은 사람 중 한 명이니 부정관사 an. an 하나로 singer와 songwriter를 모두 커버

→the BRIT School for Performing Arts and Technology: 학교 이름에서 School for~ 같은 형식에는 대개 the를 씀 (Harvard University 같은 학교는 무관사)

→a recording contract: 수많은 레코딩 계약 중

하나이니 a

→ In 2007: '2007년에'라는 표현에는 연도 앞에 무관사

→ the Brit Awards "Critics' Choice" award:
award를 특정하므로 정관사 the

→ the BBC Sound of 2008 poll: 역시 poll을
특정하므로 the

→ commercial and critical success: 여기서
success는 수많은 성공 중 하나도 아니고 특정한 성공도
아닌 추상적이고 일반적 의미이므로 무관사

→ the UK / the US: the가 붙는 국가명

→ The album: 앞의 특정한 앨범을 가리키므로 the

→ An appearance: 여러 appearance 중 하나를 처음
언급하므로 an

→ Saturday Night Live: 프로그램 이름에 관사가 붙지
않는 경우(the가 붙는 프로그램도 있음)

→ in late 2008: 'in early/late 연도'에도 보통 무관사

→ the 51st Grammy Awards: 특정한 상 이름을
가리키므로 Grammy Awards 앞에 the

→ the awards for Best New Artist and Best Female
Pop Vocal Performance: 뒤의 부문들에 의해 awards가

특정되므로 the. 여러 그래미상 중 하나를 탔다는 의미라면
win a Grammy award라고 표현 가능

글로 배운 문법의 한계를 넘어서

영어를 오래 배워도 말이 안 나오는 데는 다양한 이유
가 있습니다. 그중 한 가지를 살펴보겠습니다.

모든 문장에는 동사가 있습니다. 동사는 문장의 뼈대
를 이룹니다. 그런데 우리가 동사를 배울 땐 보통 '3단 변
화'를 익히죠. 예를 들어 move를 배우면 move-moved-
moved라고 외웁니다. 이렇게 외우는 일 자체에는 문제가
없습니다. 하지만 여기서 그친다면 문제가 됩니다. 영어 수
업시간 말고 우리가 실제로 대화할 때는 move-moved-
moved라는 표현을 쓸 일이 없으니까요.

예전에 『스페인어 동사 501』이나 『프랑스어 동사 501』
같은 책을 보면서 '별 내용도 없고 기본동사를 인칭과 시
제 순으로 늘어놓기만 한 이런 책을 왜 사?' 하고 생각한 적
이 있습니다. 분명 내용상으로 보면 기본동사 단어집 이상

의 역할을 못하거든요. 그런데 유창성의 관점에서 보면 분명 가치가 있습니다. move-moved-moved 식이 아니라, 다음과 같이 실제 사용되는 패턴을 연습할 수 있게 해 주기 때문입니다.

I move / you move / he moves / we move / you move / they move / I moved / you moved / he moved / we moved / you moved / they moved / I have moved / you have moved / she has moved / we have moved / you have moved / they have moved / I had moved / you had moved / she had moved / we had moved / you had moved / they had moved

동사의 3단 변화를 안다고 유창하게 말이 나오지는 않습니다. 그런 면에서 이렇게 다양한 주어와 함께 동사변화를 익히는 일이 시간 낭비는 아닐 겁니다. 언어교육사에서 천덕꾸러기 신세를 면치 못하는 청화식 교수법도 다 쓸모가 있다고나 할까요.

그러니까 외국어를 배울 때 동원할 수 있는 자원은 다

양한데, 그중 전형적인 문법 교육이 의지하는 것은 개념적 자원입니다. 저도 문법을 글로 배웠습니다. 그래서 3인칭 단수를 배울 때 "주어가 3인칭 단수면 동사의 현재형에 s 를 붙인다"라는 설명을 외웠죠. 그리고 문제를 열심히 풀었습니다. "아, Tom은 나도 너도 아니고 다른 사람인데 한 명이니까 s를 붙여야지"라면서 동사에 s를 붙이고 흐뭇해했습니다. 오직 개념 설명에 의지해 문제를 풀었고, 지필평가에서는 별 문제가 없었습니다.

하지만 외국어 학습에서 개념적 지식은 다양한 지식의 작동방식 가운데 하나일 뿐입니다. 그렇다면 또 어떤 방식이 있을까요? 가장 먼저 생각할 수 있는 것은 지각perception입니다. 발화와 관련해서 중요한 것은 청각입니다. 다음 두 예문을 볼까요.

(1) A building is ······
(2) The buildings are ······

(1)에는 부정관사 a가 나옵니다. 발음은 [ə]죠. 또 be동사 is가 등장합니다. 이런 표현 즉 '단수를 나타내는 부정관사 a+명사'에 광범위하게 노출되면 [ə]라는 소리와 단수

동사 사이에 연관이 있음을 뇌가 기억합니다. (2)에는 복수를 나타내는 s, 즉 [z] 발음이 나오고 뒤에 복수 동사인 are가 나옵니다. 이렇게 명사 끝에 [z] 발음이 나오고 are가 나오는 예에 광범위하게 노출되면 [z]와 [áːr]가 결합되는 소리(우리말로는 대략 '즈아')가 귀에 익어서 자연스럽게 들리게 됩니다.

이에 더해서 'The buildings are ……'와 같은 표현을 반복해서 발음하면 [záːr] 발음에 익숙해집니다. 이른바 '입에 붙는' 상황이죠. 이때 형성되는 것은 운동기능에 기반하는 절차적 지식입니다. 이는 '3인칭 단수에 s를 붙이라'는 개념적 지식과는 매우 달라서, 뇌와 구강과 혀의 움직임 등이 실시간으로 협응해야만 제대로 작동합니다.

여기서 '글로 배운 문법'의 한계가 명확히 드러납니다. 글로 배운 문법은 개념적 지식에만 의존할 뿐 소리를 인지하고 구별해 내는 지각 자원도, '몸이 기억하는' 세밀한 운동기능도 활용하지 않습니다. 따라서 글로 배운 문법은 글을 쓸 때는 유용하지만 실제 발화에서 하는 역할은 매우 제한적입니다. 문법 교육이 반드시 필요하지만 '글로 배운 문법'을 넘어서야 할 이유입니다.

결국 3인칭 단수 규칙을 익히는 것을 넘어 3인칭 단

수가 들어가 있는 구문을 소리 내어 읽어 보고, be동사의 복수형이 are라는 개념지식을 익히는 것을 넘어 -s+are 의 발음인 [záːr]를 뇌와 얼굴 근육이 기억하도록 해야 합니다. 현재완료를 have+pp로 배우는 것을 넘어 have moved, has moved, has been 등을 발화해 보아야 합니다. 문법규칙을 익히는 것은 시작일 뿐입니다. 구강과 혀의 움직임으로 변환되지 않는 머릿속 문법은 반쪽 지식일 수밖에 없습니다.

문법, 문장의 규칙에서 세계를 보는 창으로

문법은 언어의 규칙입니다. 언어는 삶과 떼어 놓을 수 없습니다. 그렇다면 문법과 삶은 긴밀히 엮여 있을 수밖에 없겠지요. 문법을 배우는 일은 삶의 질서를 배우는 일과 분리할 수 없습니다.

이번에는 단어가 가진 사전적 의미와 사회문화적 의미를 살펴보고, 수동태가 권력 관계를 어떻게 감추는지 들여다보겠습니다. 그렇게 '세상 보기로서의 문법공부'의 가능성을 생각해 보고자 합니다.

단어의 사전적 의미와 사회적 의미

clean을 형용사로 쓰면 '깨끗한'이고, 동사로 쓰면 '깨끗하게 하다'입니다. 동사변화는 cleaned-cleaned로 규칙형입니다. 형용사로서의 clean은 특정한 상태를 나타내는 단어로, 대상이나 장소 등이 물리적으로 깨끗하다는 뜻입니다. 동사일 때는 특정 주체의 행위, 즉 시간 속에서 일어나는 동작을 나타냅니다. 나아가 clean을 메타포로 쓸 수도 있습니다. His record is clean은 '기록이 깨끗하다', 즉 '전과가 없다'는 뜻이지요. 이것이 기존에 우리가 어휘를 배웠던 방식입니다. 이 설명에서 clean이라는 단어가 쓰이는 맥락에 대한 기술은 미미합니다. 순수히 어휘에 대한 기술이지요.

이번에는 clean을 사회문화적 맥락에서 살펴보겠습니다. 어떤 공간이 깨끗하다는 것은 누군가가 청소했다는 것을 전제로 합니다. 노동 없이 스스로 깨끗한 공간은 없습니다. 청결한 공항에는 청결함을 유지하는 공항 직원들이 있고, 쓰레기가 없는 환경에는 청소노동자들이 있습니다.

먼지가 쌓이고 엔트로피가 증가하는 자연 법칙 속에서 질서와 청결을 유지하는 노동 없이 깨끗한 환경 속에 산다는 것은 불가능합니다.

이런 관점에서 보면 도시라는 공간에서 '깨끗한'이라는 형용사는 '깨끗하게 하다'라는 동사를 전제로 존재합니다. '깨끗하게 하다'라는 동사는 그런 상태로 만든 사람(주체)을 내포하므로, '깨끗'하다는 것은 '깨끗하게 하는' 사람(청소노동자)을 품고 있을 수밖에 없습니다. clean의 사회적 의미, 사회 속에서 깨끗하다는 것이 무엇을 의미하는지를 생각해 보면 노동이라는 키워드에 닿게 됩니다.

이처럼 clean이라는 단어를 배울 때는 단순히 형용사와 동사의 품사 구분을 아는 데서 멈추어서는 안 됩니다. '깨끗한'clean 세계와 이 세계를 '깨끗하게 하는'to clean 사람을 연결해 생각할 수 있어야만 두 품사의 관계를 배웠다고 할 수 있습니다. 형용사가 동사가 되는 것은 언어 현상이지만, 실제 세계에서 그 변환을 가능케 하는 것은 수많은 사람들, 특히 청소노동자들의 노동입니다.

그렇기에 "This place is so clean"(여기 정말 깨끗하다)이라는 문장은 "Someone must have cleaned this place"(누군가가 청소를 한 게 틀림없구나)라고 읽어 낼 수 있

어야 하고, "This place is always clean"(여긴 늘 깨끗하네)이라는 문장은 "Someone must clean this place on a regular basis"(여기 정기적으로 청소하는 사람이 있나 봐)라고 바꾸어 읽어 낼 수 있어야 합니다. 이처럼 어휘는 사전적 의미를 넘어 사회적 차원에서 논의되어야 합니다. 언어의 의미를 삶 속에서 파악하고, 그것이 어떤 사회적 의미를 갖는지 파악할 수 있어야 합니다.

수동태의 정치학

이번에는 수동태를 살펴볼까요. 수동태를 공부할 때는 수동태의 형태(be+과거분사+by~)보다는 수동태가 묘사하는 여러 사건들에서 수동의 개념을 이끌어 내고, 그것이 어떻게 언어로 표현되는지를 파악해야 합니다. 다음 두 문장을 봅시다.

(1) Many immigrants are deprived of their rights.
(많은 이민자들은 권리를 박탈당한다.)
(2) The current immigration laws deprive many immigrants of their rights. (현재의 이민법은 많은

이민자들에게서 권리를 박탈한다.)

두 문장은 하나의 상황을 묘사하고 있습니다. 그러나 수동태 문장 (1)에서는 '박탈자'가 보이지 않습니다. 그저 이민자들의 현재 상태만 그려 냅니다. 하지만 능동태 문장 (2)에서는 이민자들의 권리를 박탈하는 주체가 드러납니다. 여기서 더 나아가면 현재의 이민법을 입안하고 가결한 사람들이 존재하겠지요.

이 같은 분석을 통해 수동태라는 언어적 장치에서 인간이 경험적 세계를 이해하고 의미 세계를 창조하는 방법을 살펴볼 수 있습니다. 또한 능동태나 수동태를 선택하는 일이 결코 중립적일 수 없다는 사실, 즉 '수동태의 정치학'을 배울 수 있습니다.

어휘와 문법을 가르칠 때는 언어적 설명을 넘어 사회 문화적인 설명이 필요합니다. 특정한 문법 현상이 삶 속에서 어떻게 살아 숨 쉬는지, 때로는 세계와 어떻게 충돌하는지를 보여 주어야 합니다. 어휘와 문법 요소를 살피면서 언어와 세계의 관계를 비판적으로 이해할 수 있는 능력을 키우는 일을 학습 목표로 삼아야 합니다.

이런 맥락에서 "If I were a bird"(내가 새라면)나 "If I were a millionaire"(내가 백만장자라면)보다는 "If I were a Pakistani immigrant worker in South Korea"(내가 한국의 파키스탄 이주노동자라면)나 "If I were a Muslim refugee in the US"(내가 미국의 무슬림 난민이라면)가 예문으로 나오는 책이 많아지면 좋겠습니다. 삶과 어휘와 문법을 엮어 내는 공부가 될 수 있도록 말입니다.

Chapter 7 :

쓰기,
한국어 읽기와 영어 읽기

한국어를 죽여야 영어가 산다고요? 아닙니다.

한국어와 영어가 서로를 도울 때

한국어도 영어도 더 깊고 넓은 말로 성장합니다.

쓰기, 어떻게 시작할지 모르겠다면?

영어 작문에 대한 관심이 높아지고 있습니다. 하지만 영어로 꾸준히 글을 쓰는 일은 결코 쉽지 않습니다. 우리나라에서 영어는 외국어이기 때문에 업무상 영어를 써야 하는 경우가 아니라면 굳이 영작문을 할 이유가 없죠. 영작을 잘했으면 좋겠다는 소망이 꾸준히 영어로 글을 써 낼 동력이 되지는 못하는 상황입니다.

영어 글쓰기에서 종종 언급되는 개념이 '글쓰기 막힘'입니다. 무언가 쓰려고 컴퓨터 화면을 바라보고 있는데 머리가 온통 하얘지면서 아무것도 꺼내 놓을 수 없는 상태를 이르는 말입니다. 커서는 깜빡이고 시간은 흘러갑니다. 아무리 생각을 쥐어짜 보아도 어떻게 시작해야 할지 난감합니다. 점점 더 조바심이 납니다.

글쓰기가 막히는 근본 원인은 진짜 하고 싶은 이야기가 뭔지 스스로도 알지 못하기 때문입니다. 글쓰기를 통해 생각을 정리하고 발전시키려고 하는데, 정작 정리하고 발전시킬 생각 자체가 없는 경우가 적지 않습니다. 이런 상황이라면 더 많은 생각과 독서가 필요합니다. 생각을 나누는 대화도 도움이 됩니다. 얽힌 정보들이 서로를 만나게 돕는 산책이나 나들이가 큰 힘을 발휘하기도 합니다. 이런 활동들을 통해 본격적으로 글을 쓰기 전에 생각거리를 풍부히 만들어 낼 수 있습니다.

거창한 글이나 학술논문을 쓰려는 것도 아닌데 벽에 부딪힌다고요? 이때는 몇 가지 틀, 즉 쉽고 빠르게 실행할 수 있는 쓰기 전략을 만드는 일이 급선무입니다. 긴 글에 앞서 짧은 글을 자주 쓸 수 있도록 돕는 도구를 마련하면 글쓰기의 근력을 키울 수 있습니다. 네 가지 전략을 공유합니다.

1. 단어 나열하기

일정한 소재를 던지고 단어를 나열해 보는 방법이죠. 다음과 같은 단순한 글감으로 시작합니다.

(1) 나를 정의할 수 있는 형용사 세 가지
(2) 내가 사랑하는 단어 세 가지
(3) 나와 내 친구 ○○의 공통점 세 가지

단어를 나열하는 데서 끝나면 영작문이라 볼 수 없겠지요. 이제 이유를 설명하는 문장을 덧붙이면 짧은 문단이 이루어집니다. 대략 이런 구조입니다.

(1) 내가 왜 이 세 단어로 설명되냐고? ~이기 때문이다.
(2) 내가 왜 이 세 단어를 사랑하게 되었냐고? ~와 같은 사건 때문이다.
(3) 구체적으로 어떤 면에서 친구와 내가 이렇게 닮았냐고? 첫째는 ~이고, 둘째는 ~이고, 마지막으로는 ~이다.

정리해 보면, 일정한 기준에 맞추어 단어를 나열하고, 그런 단어를 선택한 이유를 설명하거나 단어와 관련된 경험을 서술함으로써 짧은 단락을 완성합니다. 단어를 늘어놓는 기준은 얼마든지 새로 만들 수 있으니 글감이 떨어질 일은 없습니다.

2. 단어 바꾸어 쓰기

글을 읽다가 마주친 어구, 문장, 속담, 노랫말 등에서 단어를 바꾸어 보는 전략입니다. 문장이 살짝 바뀌면서 자신만의 의미가 생겨나죠. 문장 옆에는 단어를 바꾼 이유를 써 봅니다.

(1) the good old days → the bad old days (좋았던 시절이 있었다면, 안 좋았던 시절도 있었겠지.)

(2) The best is yet to come → The worst is yet to come. (최선은 아직 오지 않았어. 하지만 최악도 아직 오지 않았어.)

(3) mother tongue → grandmother tongue (모국어가 있다면 '조모국어'라는 말은 없을까? 할머니가 쓰시던 말은 어머니의 말과는 또 달랐거든.)

(4) Money talks. → Money devours. Money dumbs. Money also silences. (돈이 말한다고? 돈은

다 집어삼키기도 하고, 사람들을 멍청하게도 하고,

침묵하게도 만들지.)

(5) Lead, not follow! → Follow, not try to lead!

(사람들은 '따르지 말고 이끌라!'고 하지만, 반대로 너무

이끌려고 하기보다는 따르는 것도 필요해 보여.)

(6) All work and no play makes Jack a dull boy. →

All work and no play makes Jack a tired boy.

All play and no work makes Jack a fun boy.

All play and no work makes Jack a poor boy.

(일만 하고 안 놀면 잭이 재미없는 아이가 된다는데,

재미없는 것보다 더 큰 문제는 피곤하다는 것 아닐까?

반대로 놀기만 하고 일을 안 하면 재미난 애가 될 수도

있어. 물론 놀기만 하면 가난해질 수도 있겠지?)

(7) This too shall pass. → This too shall pass, but

that shall stick persistently. (이 또한 지나갈 거야.

이건 지나갈 건데, 저건 끈질기게 들러붙겠지? 삶이란 참

알 수가 없구나.)

이는 읽기와 쓰기를 유기적으로 연결하는 데 최적인

활동입니다. 일단 글을 읽은 다음 인상적인 문장에 밑줄을

긋습니다. 그리고 해당 문장의 구조와 어휘를 바꾸어 나만의 의미를 표현합니다. 이런 활동을 축적하면 좋은 문장을 보는 눈과 이를 활용해 문장을 쓰는 기술을 동시에 발전시킬 수 있습니다.

3. 짧은 비망록 쓰기

저는 영작문 첫 시간에 '6단어 비망록'을 쓰게 하곤 합니다. 딱 여섯 단어로 자신을 표현하는 글을 써 보는 거죠. 다음은 헤밍웨이가 썼다고 전해지는, 하지만 사실 확인은 되지 않은 6단어 비망록입니다.

For sale : Baby shoes, never worn.
(팝니다 : 한 번도 신지 않은 아기 신발.)

이 짧은 이야기에 어떤 사연이 숨어 있을까요? 짐작건대 굉장히 슬픈 이야기일 듯합니다.

헤밍웨이의 6단어 비망록은 짧은 글도 큰 울림을 줄 수 있다는 사실을 보여 줍니다. 처음부터 길고 거창한 글을 쓰려고 할 필요는 없습니다. 그저 내 이야기를 진솔한 목소리로 풀어놓으면 됩니다. 인생의 시기별로, 기억에 남는 사건별로, 그리고 잊을 수 없는 사람들에 대해 다양한 비망록을 써 보는 겁니다.

일단 6단어로 시작하지만 익숙해지면 10단어 비망록을 쓸 수도 있습니다. 조금 더 발전시키면 '20단어 전기'나 '30단어 평론' 쓰기도 가능하겠죠. 긴 글의 압박에서 벗어나 짧고 강렬한 단문을 써 보세요. 거기에 정성스레 살을 붙이면 훌륭한 초단편소설이 될 수도 있습니다.

4. 스스로 글감 생성하고 답하기

단어 나열하기나 바꾸기, 6단어 비망록 쓰기 등을 해 보았다면 이번에는 본격적으로 문단 쓰기를 시도할 차례입니다. 이때 다른 사람이 정해 준 주제보다 쓰고 싶은 글감을 스스로 찾아보면 더욱 효율적입니다. 마음에서 솟아나는 이야기일 때 영어로도 잘 쓰고 싶어지니까요. 다음과 같은 글감으로 시작해도 좋습니다.

(1) 힘들었던 이별의 순간 (사람, 장소, 사물, 동식물 등등)

(2) 황당했던 꿈 이야기

(3) 운명 같은 우연

(4) 오래전 단짝 친구에게 편지를 쓴다면?

(5) 가장 쓸쓸했던 날

(6) 소설을 쓴다면 이런 캐릭터를 주인공으로!

(7) 세상 누구에게도 없는, 나 혼자 간직한 희망 혹은 소원

삶을 돌아보고 또 계획하며 마인드맵을 만들고, 그 지도를 이루는 다양한 사건, 사람, 경험에 대해 글을 써 보는 겁니다. 영어로 글을 써 내는 것이 목표이지만 무엇에 관해 쓸까 궁리하는 즐거움도 챙길 수 있는 접근입니다.

"Start small. Scale up"이라는 말이 있지요. 작게 시작해서 점차 스케일을 키워 가는 방법입니다. 작지만 소중한 경험부터 꺼내 보세요. 그렇게 세상에 나온 글이 또 다른 글을 이끌어 낸답니다.

필사, 영작문에 도움이 될까?

"필사를 하면 영작문 실력이 늘까요?"

영작문 강의를 하며 여러 차례 받은 질문입니다. 작문을 공부해야 하는데, 좋은 글을 골라서 그대로 베끼면 글쓴

이의 문장력을 전수받을 수 있지 않을까 하는 생각이 들지요. 각자의 경험이나 직관에 비추어 '된다'파와 '안 된다'파로 갈라지기 일쑤지만, 이 질문에 좀 더 성실하게 답하려면 쓰기와 읽기 그리고 필사에 수반되는 인지 과정을 이해해야 합니다.

결론부터 이야기하면 필사는 글쓰기와 사뭇 다른 행위입니다. 필사는 copying으로, 쓰기는 writing으로 번역할 수 있습니다. 이렇게 보면 둘의 차이가 분명해집니다. 베끼는 일과 글 쓰는 일은 결코 같을 수가 없지요.

그렇다면 필사와 작문은 구체적으로 어떻게 다를까요? 먼저 필사할 때 우리가 하는 행동을 하나씩 짚어 봅시다. 제 경우를 예로 들겠습니다. 지금 컴퓨터 스크린에 『뉴욕타임스』 칼럼니스트 데이비드 브룩스가 쓴 칼럼 하나가 띄워져 있습니다. 책상에는 노트와 펜이 놓여 있습니다.

스크린을 바라봅니다. 제목을 읽습니다. 노트에 'The East Germans'라고 쓰고 다시 화면을 바라봅니다. 이어지는 'of the 21st Century'를 읽으며 펜 끝을 움직이기 시작합니다. 이제 종이 위에 'The East Germans of the 21st Century'라는 제목이 쓰여 있습니다. 제목 필사가 끝났습니다.

자, 이번에는 필사 과정을 분해해 봅시다. 짧은 필사를 하며 벌어진 일은 다음과 같습니다.

(1) 제목에 특별히 어려운 단어는 없었다. 해석도 바로 할 수 있었다. 바로 이해가 되었기에 막힘없이 읽었다.

(2) 짧은 제목이었지만, 두 번에 나누어 썼다. 나도 모르게 그렇게 했는데, 정확성을 기하려 했던 것 같다.

(3) 순식간에 The East Germans를 읽고, 이를 단기 기억에 넣었다가 손끝을 통해 세상으로 내보냈다. 이를 더 분해해 보면 다음과 같다.

→ 화면에 떠 있는 텍스트가 눈을 통해 시신경을 타고 뇌로 들어와 잠시 머물렀다.

→ 뇌는 이 정보에 기반하여 근육 운동을 '명령'했다.

→ 이는 손의 움직임을 발생시켰고 펜 끝을 통해 글자로 종이 위에 새겨졌다.

(4) of the 21st Century에서도 같은 과정이 반복되었다.

(5) 이제 디지털 화면 속의 제목이 노트 위에 아날로그로 존재한다.

이와 같이 필사를 하는 동안에는 생각보다 많은 일들

이 벌어집니다. 베끼기 위해서는 읽어야, 그것도 꼼꼼히 읽어야 합니다. 눈으로 읽고, 머릿속에 잠깐 담고, 손을 움직여 쓰는 일을 계속해서 반복해야 합니다. 이 과정을 정리하면 다음과 같습니다.

필사=(짧은 구절 읽기+머리에 담기+펜으로 쓰기)×반복

처음 보거나 철자가 굉장히 복잡한 단어가 나올 경우 이 과정이 중단될 수 있습니다. 모르는 단어는 사전을 찾아보거나, 복잡한 철자를 하나하나 베껴 쓰는 일이 생기기 때문입니다. 물론 소셜미디어를 확인하거나 웹툰을 보는 등의 딴짓은 언제나 가능하지요.

이번에는 작문 과정을 살펴볼까요. 사실 작문도 어떤 종류의 글을 어느 정도 길이로 쓰는가에 따라 다양한 과정을 거칩니다. 하지만 그 어떤 경우라도 필사와는 사뭇 다른 인지 과정이 수반됩니다. 글의 주제가 필사인 만큼 작문 과정은 압축해서 설명하겠습니다.

일반적인 작문은 머릿속에 있는 아이디어로부터 시작됩니다. 아이디어를 글로 풀어내기 위해서 적절한 단어와 문법을 동원하게 됩니다. 필사할 때처럼 누군가가 이미 써

놓은 단어와 문장에서 시작하는 것이 아닙니다.

무턱대고 쓰기 시작하는 경우도 있지만, 대개 쓸 내용에 대한 얼개를 가지고 있습니다. 예컨대 저는 지금 (1)필사의 필요성에 대한 질문으로 시작해서 (2)필사와 작문의 인지 과정을 비교하고 (3)이에 근거하여 필사의 효용과 한계를 밝혀야겠다는 계획 아래 글을 써 나가고 있습니다. 하지만 필사에는 이런 계획이 없습니다. 그저 저자가 써 놓은 문장을 충실히 따라가며 베낍니다. 이처럼 작문 과정은 문장을 정확히 옮겨 쓰는 필사 과정과는 전혀 다릅니다. 그렇다고 필사가 작문에 전혀 도움이 안 되느냐, 그건 또 아닙니다.

필사가 할 수 있는 것

필사는 '베껴'+'쓰기'입니다. 베끼려면 잘 봐야 합니다. 대충 보아서는 정확히 옮길 수가 없기 때문입니다. 따라서 필사 과정에서의 읽기는 평상시의 읽기와는 다를 수밖에 없습니다. 그 어떤 요소도 빠짐없이 꼼꼼히 읽어 내야 하지요. 문장부호, 개별 단어, 문법 세 가지 영역에서 살펴보겠습니다.

첫째, 필사는 문장부호에 주목하게 합니다. 평상시 글을 읽을 때라면 쉼표에는 별로 신경 쓰지 않습니다. 하지만 정확한 필사를 위해서라면 쉼표 하나도 건너뛸 수 없습니다. 콜론(:)이나 세미콜론(;) 같은 문장부호도 마찬가지입니다. 학술적인 글에는 콜론이나 세미콜론이 널리 쓰이는데, 쓰임새를 정확히 이해하려면 이들이 쓰인 문장을 필사해 보는 것이 도움이 됩니다.

둘째, 필사는 개별 단어에 주목하게 합니다. 글을 읽다가 take a shot(시도하다)이라는 표현을 처음 만났다고 해 봅시다. 대개 문맥과 shot만 보고도 take a shot을 이해할 수 있습니다. 동사가 있어야 하니 take가 쓰이긴 했지만, 의미로 보면 take가 하는 일이 별로 없습니다. 그래서 읽고 나면 have였는지, get이었는지, take였는지 기억하지 못할 가능성이 큽니다. 하지만 필사에서는 take를 슬쩍 넘어가거나 아예 건너뛸 수 없습니다. take를 베껴 써야 하기 때문에 단어를 읽고 머릿속에 잠깐 담았다가 손끝으로 내보내게 됩니다. 이 과정을 거치면 take라는 단어가 기억될 확률이 높아집니다. 한 번 썼다고 완벽하게 기억하리라는 보장은 없지만, 평상시처럼 읽기만 했을 때보다는 분명히 기억에 더 남을 겁니다.

셋째, 필사는 다양한 문법 요소에 주목하게 합니다. 관사를 한번 볼까요? 평소에는 a가 붙었는지 the가 붙었는지, 아니면 아예 없는지 생각하지 않습니다. 논리와 정보의 흐름을 따라가다 보면 관사에 신경 쓰지 않아도 내용은 파악되거든요. 그런데 정확히 베껴 쓰려면 관사를 안 볼 수가 없습니다.

이처럼 필사는 텍스트를 꼼꼼하게 읽게 함으로써 단어와 구두점, 나아가 문법 요소 하나하나를 기억하는 데 도움을 줍니다. 평소에는 잘 보지 않던 요소들도 다시 한 번 보게 되죠. 이런 면에서 필사는 작문 실력 향상에 일정 정도 도움이 됩니다.

필사가 하지 못하는 것

작문은 필사보다 훨씬 많은 요소를 포함합니다. 필사한다고 글 전체를 어떻게 구성할 것인지, 흐름은 어떻게 만들어 갈 것인지, 어디에 대화를 배치하고 어디에 묘사와 설명, 독백을 넣을 것인지 등을 단번에 배울 수는 없습니다. 글을 쓰려면 이 모든 것들을 잘해 내야 하지요. 작문은 쓰기 전의 대략적 계획에서부터 브레인스토밍, 전체 판 짜기,

아이디어의 전개, 퇴고와 편집 등을 포함하는 광범위한 행위를 포함합니다. 이에 비해 필사를 할 때는 보통 한 문장 안에서 비교적 단순한 활동이 반복됩니다.

또한 필사자의 언어 능력에 따라 한 번에 베낄 수 있는 텍스트의 양이 달라집니다. 우선 한국어가 모국어인 사람이라면 한국어 작품을 필사할 때 훨씬 긴 표현을 단번에 옮길 수 있습니다. 마찬가지로 영어가 편한 학습자는 한 번에 비교적 긴 문장을 필사할 수 있지만, 그래도 한국어만큼은 아닐 겁니다. 영어 초심자라면 긴 문장을 한꺼번에 베껴 쓸 엄두조차 나지 않겠죠.

외국어 문장을 필사할 경우, 단어를 알아도 문장 구조가 복잡해지면 한두 단어 수준의 옮겨 쓰기를 반복할 가능성이 높습니다. '한 단어씩 베껴 쓰기'가 되는 셈이죠. 읽기 힘든 단어가 등장하면 아예 '한 글자씩 베껴 쓰기'가 되어 버리기도 하고요.

즉 필사는 본격적인 습작보다는 꼼꼼히 읽기에 적합한 활동으로 볼 수 있습니다. '텍스트 깊이 읽기'에 목표를 둔다면 필사가 좋은 선택이지만, 영작문 실력을 높이는 주요 전략으로 삼기에는 아쉬운 점이 많습니다. 그렇기에 본격적인 글쓰기를 공부하기 위해서는 필사를 넘어 더욱 폭넓은 접근이 필요합니다.

가로쓰기×세로쓰기×좁게쓰기

스마트폰에 텍스트 추천 기능이 있지요. 한 단어를 쓰면 그다음 단어를 추천하고, 또다시 단어를 입력하면 그다음 단어를 추천합니다. 의도에 딱 맞을 때도 있지만 엉뚱한 단어를 추천해 웃음이 터지기도 합니다. 평상시 무심코 사용하는 이 기능에는 쓰기에 관한 중요한 교훈이 담겨 있습니다. 어떤 글이든 단어 하나하나가 모여 이루어진다는 사실이죠. 글쓰기는 결국 단어를 고르고 다음 단어를 고르는 일의 연속입니다.

글을 쓸 때 한국어와 영어는 왼쪽에서 시작해서 오른쪽으로 단어를 늘어놓게 됩니다. 줄을 넘기면 아래로 내려가지만 기본적으로는 가로축을 따라 진행되므로 저는 이것을 '가로쓰기'라고 부릅니다.

흔히 자유쓰기를 할 때 우리는 가로쓰기에 집중합니다. 논리적 흐름이나 문법, 어휘를 곰곰이 따지지 않고 빠르게 써 나가는 자유쓰기를 통해 안에 있는 것들을 최대한 끄집어냅니다. 이 과정에서 편집과 수정은 거의 이루어지지 않습니다. 효율적인 자유쓰기를 위해 아예 스크린을 꺼버리는 사람도 보았습니다. 최대한 많은 이야기를 최대한 빨리 쏟아 놓으려면 키보드 하나로 충분하다고 하더군요.

자유쓰기는 글쓰기에 대한 과도한 긴장이나 우려를 줄이고 다양한 아이디어를 이끌어 냅니다. 하지만 외국어로서 영어를 공부하고 영작문을 공부하는 데는 충분하지 않기에 '세로쓰기'와 '좁게쓰기'가 더 필요합니다.

휴대폰 텍스트 자동완성 기능을 다시 떠올려 봅시다. 한국어로 쓸 때는 내가 무슨 이야기를 할지 알기에 자동완성 기능은 대부분 '빠른 타이핑'을 돕는 역할에 그칩니다. 하지만 영어로 글을 쓸 때는 사정이 좀 복잡해집니다. 무슨 단어를 쓸지 정확히 아는 경우도 있지만, 그렇지 못한 경우도 상당히 많습니다. 해당 자리에 어떤 단어가 가장 알맞은지 고민하고 때로는 검색을 통해 최적의 단어를 찾아내야 합니다.

저는 이렇게 하나의 자리에 어떤 단어들이 나올 수 있는지 상상할 수 있는 능력을 '세로쓰기 능력'이라고 부릅니다. 실제 글쓰기는 언제나 가로쓰기지만, 이 가로쓰기의 품

질을 결정하는 것은 세로쓰기 능력에 달려 있습니다.

예를 들어 보겠습니다. argument(주장)라는 단어 앞에 긍정적인 형용사를 넣고자 합니다. 그런데 머릿속에 생각나는 것이 달랑 good argument나 bad argument라면 계속 이 표현만을 가지고 버티게 됩니다. 하지만 good이나 bad 자리에 persuasive, convincing, compelling 등이 나올 수 있다는 것을 안다면 가장 알맞은 형용사를 골라서 쓸 수 있게 됩니다.

세 단어의 의미는 상당히 비슷합니다. 모두 듣는 이에게 믿음을 준다는 뜻이죠. 하지만 강도와 뉘앙스는 사뭇 다릅니다. persuasive의 동사형 persuade(설득하다)와 convincing의 동사형 convince(확신시키다)의 의미를 따져 보면 어느 쪽이 더 강한 의미를 담고 있는지 알 수 있죠. compelling의 동사형 compel은 '강제하다', '~하지 않을 수 없게 하다'라고 해석할 수 있습니다. 따라서 어떤 설명을 듣고 의심의 여지가 없이 믿게 되는 상황이라면 compelling을 쓸 수 있죠. 결론적으로 셋은 비슷한 의미를 지니지만 스펙트럼을 따지자면 persuasive보다는 convincing이, convincing보다는 compelling이 강한 표현입니다.

숙련된 작가는 이렇게 단어의 느낌과 강도에 따라 '골라 쓸' 거리가 풍부합니다. 태어나면서부터 수많은 언어 경험을 통해 쌓아 온 세로쓰기 레퍼토리가 있기 때문입니다. 하지만 영어에 숙련되지 못한 사람들은 이런 레퍼토리를 의도적으로 늘려 가야 합니다. 이를 위해서 필요한 공부가 5장에서 다뤘던 '짝꿍단어' 학습입니다.

이번에는 '좁게쓰기' 전략입니다. 영작문을 공부할 때 범하기 쉬운 오류가 막연히 '영어로 글을 많이 써 보겠다'는 생각입니다. 하지만 '영어로 쓰기'는 존재하지 않습니다. 영어로 일기 쓰기, 서평 쓰기, 기사 쓰기, 설명문 쓰기, 매뉴얼 쓰기 등이 존재하지요. 게다가 글의 종류만큼 형식도 무척이나 다양합니다.

그렇다면 영작문을 공부할 때 가장 먼저 생각해야 할 것은 쓰고자 하는 글의 구체적인 모습입니다. 글을 최대한 '좁게' 정의하는 것으로, 먼저 어떤 상황에서 누구를 대상으로 어떤 종류의 글을 쓸지 정해야 합니다. 그다음 이 조건에 최대한 맞는 글을 찾아봅니다. 그중 괜찮은 글을 몇 편 골라 자세히 읽고, 다음과 같은 기준으로 분석을 해 봅니다.

- 글을 이루는 정보

- 정보들이 나열되는 전형적인 순서

- 몇 편의 글에 공통적으로 나타나는 주어 – 동사 패턴

- 유용한 어휘 및 짝꿍단어

- 유용한 문법 패턴

- 기타 눈에 띄는 수사적 특징

'책 소개글'을 써야 한다고 해 볼까요? 그렇다면 그런 글이 많이 있는 곳으로 가야 합니다. 학술서 리뷰라면 관련 학술지를 검색하고, 대중적인 책 소개글이라면 신문이나 잡지를 선택합니다. 정해진 형식을 따를 필요가 없는 서평이라면 아마존 같은 사이트로 가면 됩니다. 거기서 샘플을 몇 개 모아서 앞에 제시한 기준으로 분석합니다.

이 과정이 조금 지루할 수도 있습니다. 하지만 꼼꼼히 분석하며 텍스트를 읽다 보면 '책 소개글'이라는 유형을 자연스레 이해하게 됩니다. '아, 이런 정보를 넣으면 되겠구나', '이런 표현 신선하네', '이 메타포 괜찮은걸?', '이 구문을 조금 변형해서 쓰면 되겠다', '시작은 이런 식으로 해야지', '끝날 때는 이런 기법이 괜찮겠다'는 생각이 들면서 글쓰기에 감이 잡힙니다.

이렇게 해서 책에 대한 생각과 감상을 영어로 풀 수 있는 레퍼토리가 생겼습니다. 아직 술술 써지지는 않겠지만 뭘 어떻게 써 나갈지는 대략 알게 되지요. 이런 기본적인 읽기 과정을 거치지 않고 '무작정' 쓰려고 하면 막막할 뿐입니다.

영어 읽기와 한국어 읽기의 '콜라보'

다음 글을 읽어 보세요. 무엇에 관한 글일까요?

A newspaper is better than a magazine. A seashore is a better place than the street. At first it is better to run than to walk. You may have to try several times. It takes some skill but it's easy to learn. Even young children can enjoy it. Once successful, complications are minimal. Birds seldom get too close. Rain, however, soaks in very fast. Too many people doing the same thing can also cause problems. One needs lots of room. If there are no complications, it can be very peaceful. A rock will serve as an anchor. If things break loose from it, however, you will not get a second chance.*

어려운 단어는 별로 없지만, 바로 정답을 내놓은 분이 많진 않을 것 같습니다.

정답은 kite, 연입니다. 아~ 하는 탄성이 들리는 듯합니다. 처음부터 연날리기에 대한 글이라고 했다면 글을 읽고 이해하는 속도가 훨씬 빨랐을 겁니다. '연'이라는 말을 듣는 순간 연과 관련된 경험과 지식이 우리 뇌에서 작동되기 때문입니다. 신문지와 잡지, 바닷가, 걷기와 뛰기, 비에 젖기 등이 모두 연과 자연스럽게 연결되겠지요. 스키마 이론schema theory이 설명하듯, 핵심 주제나 배경지식을 알고 읽기에 임하는 경우와 그렇지 않은 경우에 이해 속도와 깊이에는 큰 차이가 나타날 수밖에 없습니다.

흔히 영어로 글을 읽는 일은 단어를 하나하나 읽어 내서 더 큰 내용을 만들어 나가는 상향식 정보처리로 이해됩니다. 벽돌 하나하나와 같은 단어들이 쌓이고 쌓여 큰 건물

* Bransford, J. D., and M. K. Johnson. "Contextual Prerequisites for Understanding Some Investigations of Comprehension and Recall." Journal of Verbal Learning and Verbal Behavior 11, no. 6 (1972): 717-726.

과 같은 글을 이루는 셈이지요. 단어들이 모여 문장이 되고, 문장들이 모여 문단을 이루며, 문단들이 모이면 글을 구성하므로 단어를 잘 이해하면 전체를 이해하는 데에 큰 문제가 없다고 봅니다.

하지만 스키마 이론은 읽기가 관련 경험과 지식을 통해 지문을 이해해 나가는 하향식 정보처리를 수반한다는 점을 잘 보여 줍니다. 특정 지문이 어떤 내용을 담고 있는지 감을 잡을 수 있고 그에 대한 배경지식이 풍부하다면, 단어가 조금 어려워도 글을 이해할 가능성이 높아집니다.

글을 읽고 이해하는 데에는 상향식과 하향식 처리과정 모두가 중요하며 서로 긴밀한 영향을 미칩니다. 읽기를 연구하는 학자들은 이 사실을 강조하며 '상호작용적 정보처리'라는 개념을 사용합니다. 영어로 글을 읽는다고 해도 배경지식의 중요성은 간과할 수 없습니다.

그런데 배경지식을 쌓을 때 가장 효율적인 방법은 영어로 읽기가 아닙니다. 단시간에 지식을 쌓으려면 해당 분야의 책을 읽는 것이 가장 효율적이고, 이를 해낼 수 있는 가장 좋은 도구는 외국어가 아닌 모국어이기 때문입니다. 단위시간당 정보처리량을 생각하면 외국어와 평생 써 온 우리말은 비교가 될 수 없지요.

많은 이들이 이 점을 놓칩니다. 끈기를 가지고 읽기를 완수하는 분도 있지만, "영어공부는 무조건 영어로"라는 슬로건을 맹신하여 모르는 단어투성이 지문과 씨름하다가 제풀에 나가떨어지는 경우도 적지 않습니다. 영어로 읽는 이유가 '영어공부'에도 있지만 '내용의 이해'에도 있다는 점을 고려한다면, 상향식 처리만을 고집하여 "오로지 영어로!"를 고수하는 전략보다는 한국어로 견실한 배경지식을 쌓아 하향식 처리의 효율성을 높이는 전략이 현명합니다. 복잡하고 난해한 전문 영역을 공부하는 경우라면 더욱 그렇습니다.

결국 영어 읽기와 우리말 읽기를 배타적으로 볼 필요가 없다는 결론입니다. 영어와 한국어를 딱 가르기보다는 서로 보완하고 돕는 파트너로 생각해야 합니다. 한국어와 영어의 멋진 '콜라보'를 통해 다양한 영역의 지식을 쌓아 삶을 풍요롭게 가꿔 나갈 수 있습니다. 이렇게 보면 "영어 공부를 우리말로!"라는 말은 결코 모순되지 않습니다.

Chapter 8 :

말하기, 듣기
그리고 되기

말하기는 그저 말소리를 내는 것이 아니라

누군가가 '되어 보는' 일입니다.

'듣고 따라 하기'가 아니라 '경험하고 창조하기'여야 합니다.

암기가 아니라 연기를 : 드라마 영어학습법

최근 미국 드라마나 영국 드라마를 보는 분이 많아졌습니다. 넷플릭스 같은 스트리밍 서비스의 성장으로 계속 팬층이 확대되고 있죠. 이런 상황에서 드라마로 영어를 공부하려는 분도 부쩍 늘었습니다.

다들 아시다시피 드라마를 많이 본다고 영어가 저절로 늘지는 않습니다. 저도 종종 했던 실수인데, 다음과 같은 경험도 꽤 많을 겁니다.

(1) 자막 없이 무조건 영어로 보자! 꾸준히 들으면 늘겠지.

(2) (자막을 끄고 보다가) 아, 이거 안 되겠네. 도저히 이해가 안 돼. (영어 자막을 켠다)

(3) (잠시 시청하다가) 무슨 부귀영화를 누리자고 영어 자막을 보고 있냐. (한글 자막으로 전환)

(4) 역시 재미있군. 이게 드라마 보는 맛이지! (한글 자막으로 계속 시청)

'자막 없이 보기'나 '영문 자막으로 보기'에는 자주 실패한다 해도, 드라마의 특성을 적절히 활용한다면 좋아하는 미드나 영드를 통해 색다른 공부를 할 수 있습니다. 이번에는 '드라마의 극적 요소를 살리는 말하기 연습'을 소개합니다. 뉴스나 강연에는 없는 드라마만의 강점을 최대한 살려 말하기 연습에 활용하는 것으로, 다음과 같은 방식으로 진행됩니다.

(1) 좋아하는 미드나 영드를 고른다.

(2) 한글 자막으로 한 번 본다. 내용에 집중하며 즐겁게 시청!

(3) 가장 좋아하는 극중 인물을 고른다. (셜록도 좋고

데어데블도 좋다. 이 인물이 바로 자기가 맡은 배역이다.)

(4) 같은 에피소드를 영어 자막을 켜 놓고 본다. 그런데 이번에는 자기 배역을 연기한다. 단지 영어 표현을 따라 하는 게 아니라, (스페이스바를 눌러 일시정지를 해 가며) 표정이나 말투까지 완벽하게 따라 해 본다.

(5) 이 작업을 반복한다.

(6) 점점 그 캐릭터가 되어 간다.

이 과정을 통해 우리는 배역 하나를 소화하게 됩니다. 단순히 듣고 따라 말하는 연습이 아니라 '되어 보는'becoming 연습입니다. 처음에는 조금 어색할 수 있지만, 몰입하다 보면 재미가 납니다.

한 가지 주의할 점이 있습니다. 너무 어려운 드라마를 고르지는 마세요! 『웨스트 윙』West Wing 시리즈는 대사가 너무 빨라서 실시간으로 소화하기 어려웠습니다. 애니메이션이나 로맨틱 코미디 장르는 대부분 대사가 그렇게 빠르거나 길지 않아 학습용으로 적당했고요. 더 짧은 호흡을 원한다면 액션 장르를 권합니다.

이제 영어학습을 '암기'와 '말하기'가 아니라 '공감하기'와 '연기하기'로 생각해 보면 어떨까요? 단지 다양한 표현을 익히는 것이 아니라 정말 좋아하는 배역이 '되어 보는' 것으로 이해하면 어떨까요? 다른 사람이 되어 가면서 그의 말을 체화하는 일은 외국어 공부의 또 다른 매력이자 즐거움이 될 수 있습니다.

듣기학습, 모국어를 고려하라

외국어 학습에서 외국어 인풋의 중요성은 누누이 강조되지만, 모국어 배경지식의 중요성은 좀처럼 언급되지 않는 듯합니다. 이에 대해 두 가지 사실을 강조하고 싶습니다.

첫째, 우리가 읽거나 들을 때 외국어는 홀로 작동하는 것이 아니라 경험과 지식의 기반 위에서 돌아갑니다. 따라서 외국어로 된 자료를 이해하려면 외국어 실력과 함께 여러 분야의 지식을 갖추어야만 합니다. 어떤 언어를 공부하든 지식 습득과 분리해서 생각할 수 없기 때문입니다. 그런데 한국인이라면 지식 대부분이 한국어로 구성되어 있습니다. 평생 한국어로 경험을 쌓아 왔으니까요.

그렇다면 외국어 학습에서 한국어를 방치할 이유가 없습니다. 오히려 한국어로 된 지식을 키워 가며 이를 외국어 능력과 통합하려는 자세와 전략이 필요합니다. "나는 양자역학 강의를 영어로 들어야 하니까 모든 개념을 처음부터 영어로만 공부하겠어"라든가 "인공지능 관련 보고서를 써야 하니 인공지능 기초부터 영어로 파 볼까"라며 고집을 피우는 것은 그야말로 똥고집일 뿐입니다.

한국인의 경험은 한국어로 표현되고 공유되며 체계화됩니다. 우리말은 우리의 경험 곳곳에 스며 있습니다. 그냥은 잘 들리지 않던 영어 뉴스나 드라마도 한국어 자막과 함께 보면 좀 더 잘 들리는 경우가 많습니다. 우리말로 익힌 내용을 영어로 들으면 단어를 조금 놓쳐도 충분히 이해할 수 있습니다. 이러한 현상은 모국어와 외국어의 상호작용이 매우 신속하게 이루어지며, 영어 인풋을 이해하는 데에 모국어로 된 배경지식이 도움이 된다는 점을 시사합니다.

사춘기 이후에 외국어를 배울 경우 모국어와 외국어가 사뭇 다른 뇌 활성화 패턴을 일으키며 처리된다는 연구 결과가 있습니다. 그럼에도 불구하고 모국어 지식과 자막이 외국어 이해에 실시간으로 도움을 준다면, 모국어와 외국어가 엄청난 속도로 상호작용할 수 있다고 볼 수 있겠습니다. 좀 더 엄밀하게 따져 보려면 학습자가 자막을 켜고 영상을 볼 때 '들린다'고 생각하는 부분에서 어디까지가 실질적 이해이고 어디까지가 '이해했다는 착각' 또는 사후적 합리화인지 밝혀내야겠지요.

예를 들어 영어가 꽤 능숙한 학습자가 영미권 드라마를 본다면, 다음 네 가지 상황을 가정할 수 있습니다. 첫째, 영어 구어체에서 쓰이는 어휘와 문법 패턴에 익숙합니다. 즉 해당 언어의 일상어 전반에 대한 지식이 있습니다. 둘째, 드라마 전개상 해당 대화가 어디로 흘러갈지 대략 파악한 상태로, 기존 서사에 대한 이해를 기반으로 한 추측 메커니즘이 작동합니다. 셋째, 드라마의 소재가 특이하지 않다면 해당 대화에서 나올 수 있는 대략적인 어휘 집합, 즉 드라마의 내용과 연관된 어휘 지식을 가지고 있습니다. 마지막으로, 드라마 시즌의 후반부를 보고 있다면 이전 에피소드들을 통해 주요 인물의 발음과 대화 패턴을 알게 모르게 익힌 상태라고 할 수 있습니다. 이는 각 인물이 하는 말을 이해하는 데 도움을 줍니다.

이런 상황에서 자막을 켜고 볼 때 저의 뇌는 어떤 반응을 보일까요? 언어 능숙도에 따라 뇌의 여러 부위는, 특히 모국어와 외국어를 담당하는 부위는 어떤 활성화 패턴을 보이게 될까요? 전문적인 내용이 등장하는 에피소드에서 영어 자막의 효용은 어디까지일까요? 이런 주제로 깊이 있는 연구가 이루어지면 좋겠습니다. 연구 결과를 근거로 "자막 절대 금지"나 "무조건 자막 끄고 다섯 번 이상 보세요" 보다는 훨씬 더 과학적인 제안을 할 수 있을 것입니다.

두 번째로 강조하고 싶은 것은 말하기나 쓰기 또한 영어 능력으로만 이루어지지 않는다는 사실입니다. 역시 모국어 밑천이 중요합니다. 2018년 호주 오픈 테니스대회에서 선전한 정현 선수의 인터뷰는 이 사실을 잘 보여 줍니다.

영국 신문 『가디언』은 8강전 직후 "로저 페더러와
토마시 베르디흐 중 4강전 상대로 누굴 원하냐"는
질문에 "반반"이라고 한 정현의 위트를 놓고 "외교관급
화술"이라고 칭찬했다.(『중앙일보』 2018년 1월 28일 자 기사)

정현 선수의 절묘한 유머가 담긴 인터뷰는 분명 영어로 이루어졌습니다. 하지만 조금 더 생각해 보면 이는 그저 '영어'공부의 소산이라기보다는 소통에 대한 지속적인 관심에서 나왔다고 보는 편이 맞을 겁니다. 특정 문화에 대한

관심, 주도적으로 의견을 표출하는 연습 등이 쌓여 멋진 인터뷰를 만들어 낸 거죠. 영어를 표현의 암기가 아닌 문화적인 산물로, 의사 표현의 매개로 배운 덕분이었습니다.

흔히들 커뮤니케이션에서 가장 중요한 요소로 유머 감각을 꼽습니다. 감각은 단기간에 암기하거나 체화할 수 없습니다. 오랜 기간의 경험과 고민, 깊이 있는 학습으로 길러지기 때문입니다. 나아가 유머를 적절히 구사하는 일은 복잡한 인지적·정서적 요인에 대한 고려와 순간적인 판단을 요하는 고도의 언어 능력입니다. 타인에게 상처를 주지 않고 자신을 비루하게 만들지 않으면서도 즐거움과 여운을 남기는 이야기를 즉석에서 구사하기란 여간 어려운 일이 아닙니다. 그렇기에 유머 감각을 키우는 일은 '영어' 공부를 넘어 '커뮤니케이션' 공부, 나아가 삶에 대한 깊은 고민을 요구합니다. 한국어 원어민 화자라면 이러한 커뮤니케이션과 삶의 기저에는 당연히 한국어가 자리 잡고 있겠지요. 튼튼한 우리말 토대가 다른 외국어 수행에 큰 도움을 줄 수 있는 이유입니다.

영화 자막, 넣고 볼까 빼고 볼까

영상을 볼 때 자막을 켤지 말지 정하려면 자신의 집중력의 한계, 동기 수준, 가용 학습 시간 등을 함께 고려하는 것이 좋습니다. 자막만 끄면 잠이 오거나, 조금만 이해가 안 되어도 듣기 공부를 지속하기 힘들어지는 경우가 있으니까요. 자막을 어떻게 활용할지, 크게 두 가지 시나리오를 제시해 보겠습니다.

첫 번째 시나리오는 학습의 목표를 소리에 익숙해지는 데 두는 경우입니다. 이 경우엔 자막을 끄고 반복해서 청취하는 것이 좋습니다. 두 번째 시나리오는 영어를 통해 지식과 정보를 습득하는 데 중점을 두는 경우입니다. 이때는 자막을 활용하는 편이 더 나은 선택입니다.

전자가 상향식 정보처리에 중점을 둔 공부라면, 후자는 하향식 정보처리에 무게를 둔 방식입니다. 소리를 하나하나 쌓아 더 큰 의미로 나아갈 수도 있고(상향식), 소리와 단어, 문장을 이해하는 데 각종 배경지식과 경험을 동원할 수도 있지요(하향식). 이 두 가지 메커니즘은 언어 이해에서 동적으로 상호작용합니다. 그런데 자막을 무조건 끄고 보아야 한다는 원칙에 매달리다가 영어학습에 대한 동기가 급속히 떨어지는 경우가 많습니다. 자막을 끄다가 동기도 '꺼지게' 되는 불상사가 벌어지고 맙니다.

영어를 공부할 때는 상·하향식 모드를 적절히 섞어 활용하는 것이 현명합니다. 나아가 듣기를 단지 듣기로만 접근하기보다는 다른 모드, 특히 읽기와 함께 공부해야 효율성이 높습니다. 무조건 소리와 씨름하기보다는 관련 지식을 다룬 텍스트를 공부 과정에 적절히 통합하는 것입니다. 요즘은 드라마나 유튜브 영상의 자막을 구하기 어렵지 않고, 검색엔진에 키워드 몇 개만 넣으면 관련 자료가 쏟아져 나옵니다. 나에게 알맞은 자료를 모아서 영상을 입체적으로 공부하는 습관을 만들 수 있습니다.

영어와 한국어 자막을 보다 잘 활용하려면 자막을 켜고 볼 때 일어나는 일을 따져 보아야 합니다. 먼저 자막 없이 영어로 된 영화를 보는 경우입니다. 영화에 집중한다면, 우리는 내용을 이해하기 위해 끊임없이 노력하게 됩니다. 가끔 음악 및 음향 효과가 중요한 역할을 하기도 하지만 주로 시각(영상)과 청각(영어 대사) 두 채널의 정보를 통합하게 됩니다. 여기에 한글 자막을 더하면 정보 채널이 세 개로 늘어납니다. 당연히 뇌는 시각, 청각, 문자 세 가지 정보를 처리하려 듭니다.

한글 자막을 보는 데는 큰 문제가 없습니다. 모국어이므로 무리 없이 거의 자동으로 처리됩니다. 그렇다고 완전히 '공짜'는 아닙니다. 주의집중의 용량 중 작은 부분을 가져갑니다. 따라서 영어 듣기에 집중할 수 있는 자원이 약간 줄어들게 됩니다. 여기에 인간 의사소통의 특성상 의미가 완전히 이해되면 굳이 더 알려 하지 않으려는 메커니즘이 작동합니다. 한글 자막으로 완벽히 이해가 된다면 영어를 '흘려듣게' 되죠. 따라서 학습을 위해서는 의도적으로 영어에 귀를 쫑긋 세우려는 노력이 필요합니다.

이번에는 영어 자막을 켜고 보는 경우입니다. 영어 실력이 중급 이상이라면 분명 자막이 없을 때보다 훨씬 이해가 잘될 겁니다. 조금 막히는 부분이 있지만 그럭저럭 영화를 즐길 만하겠지요. 대사도 어느 정도 들으면서요. 영문 자막을 보느라 소리에 조금 소홀하게 되긴 해도 자막이 없을 때보다는 분명 학습의 효율이 올라갑니다.

하지만 영화의 내용이 어렵거나 배우들의 말이 무척 빠른 경우라면 어떨까요? 이때는 자막을 읽어 내는 것 자체가 커다란 일이 되어 뇌의 정보 처리에 부담을 줍니다. 따라서 자막을 읽다가 소리의 상당 부분을 놓치게 되고, 문장을 다 읽지 못하고 다음 문장으로 넘어가는 일이 빈번해집니다. 어려운 단어의 의미를 추론하려는 본능에 가까운 뇌의 활동이 더해지면 이해 과정에 과부하가 걸립니다.

이런 원리에 근거해 영어 자막이 듣기를 돕는 경우와 방해하는 경우를 생각해 볼 수 있습니다. 전자는 대사가 크게 어렵지 않고 속도도 너무 빠르지 않은 경우입니다. 후자는 내용이 난해하거나 전문적인 경우, 시간당 대사량이 많은 경우가 되겠습니다.(아론 소킨이 각본을 쓴 정치드라마 『뉴스룸』이나 『웨스트 윙』 등이 생각나는군요!) 물론 이런 요인들은 개인의 영어 능숙도와 상호작용하며 조금씩 다른 결과를 초래하겠지요.

어떤 조건하에서는 '영어 자막 켜 놓고 보기'가 듣기 공부가 아니라 읽기 공부가 되어 버립니다. 자막을 이해하는 데 인지적 자원을 모두 써 버리기에 소리를 유심히 들을 여유가 남아나지 않는 거죠. 물론 '쉬지 않고 읽기'라는 관점에서는 이 시나리오를 긍정적으로 평가할 수도 있습니다.

그렇다면 자막을 꺼야 인풋이 많아지고, 인풋이 많아져야 영어를 더 빠르게 배울 수 있다는 조언을 무조건 받아들일 필요는 없다는 결론에 이릅니다. "영상으로 영어공부할 건데 자막 끄고 봐야 돼? 켜고 봐야 돼?"라는 질문으로 골치 아파할 이유가 없다는 말입니다.

'들릴 때까지 듣는다'는 고집이 나쁜 것만은 아닙니다. 하지만 '인풋'에는 소리도 있지만 그 소리에 대응하는 모국어도 있고, 관련된 기사도 있으며, 드라마 대본도 있습니다. 무자막 모드, 자막 모드, 관련 기사 읽기 모드, 대사 직접 확인하기 모드 등을 적절히 섞어 활용하며 자기 스타일을 찾아가면 됩니다.

자료의 보고 유튜브 : 본다고 공부가 될까

유튜브는 영어로 된 멀티미디어의 '성지'입니다. 쉼 없이 쏟아져 나오는 영상이 차곡차곡 쌓인 덕에 어떤 분야를 공부하든지 유용한 자료를 찾을 수 있습니다. 자막을 제공하는 경우도 늘고 있습니다. 자료가 없어 공부를 못 한다는 핑계는 댈 수 없는 시대가 되었습니다.

그렇다면 의문이 생깁니다. 좋은 자료가 이렇게나 많은데 여전히 학원이나 온라인 강좌가 영어학습 시장의 주류를 이루는 이유는 무엇일까요? 그 많은 사교육 업체들은 왜 여전히 성행일까요?

"인천 앞바다가 사이다라도 컵이 없으면 못 떠먹지"라는 오래전 유행어가 떠오르네요. 우리 주위에 있는 엄청난 자료들과 영어학습 간의 관계를 잘 포착하는 말입니다.

공부를 하려면 영상을 그저 보는 것이 아니라 특정 요소에 주의를 기울이고 이해하기 위해 노력해야 합니다. 발음에 문법에 특정한 어휘에 집중해야 하고, 때로는 구문을 상세히 분석해야 합니다. 무엇보다도 빠르게 스쳐 가는 표현을 복기하고 기억에 새겨야 합니다. 영상 시청만으로 남는 정보는 미미합니다. 영상에 나오는 언어를 깊이 각인시켜야 오래 기억할 수 있습니다.

영어교육 업체들은 다양한 노하우를 가지고 학습자들이 공부를 하게끔 합니다. 영상을 보여 주는 일을 넘어 그 안의 언어를 해설하고 연습시키며 배운 바를 평가합니다. 그런 면에서 사교육 업체는 '인천 앞바다의 사이다'(어디서나 얻을 수 있는 영어 자료)를 떠먹을 수 있는 '컵'(학습 전략)을 제공하여 수익을 낸다고 할 수 있습니다. 자신만의 사이다를 제조하거나 새로운 음료를 선보이기도 하지만, 결국 영어와 학습자 사이에서 공부의 도구를 제공하는 역할이 가장 큽니다.

그렇다면 유튜브 영상으로 공부하려 할 때 우리가 할 일은 명확합니다. 먼저 '영상 시청 = 공부'라는 등식을 깨야 합니다. 영상 시청은 공부라기보다는 공부의 출발점입니다. 영상을 시청한 뒤 어떤 일을 하느냐에 따라 공부가 될 수도 있고 조회 수 늘리기에 그칠 수도 있습니다. 각자가 자신에 맞는 학습법을 개발하는 것이 가장 좋겠지만, 제가 듣기·말하기 공부를 할 때 사용하는 '사이다 컵'을 소개해 드릴 테니 써먹어 보세요.

먼저 집중학습을 위해서 1~2분가량의 짧은 영상을 선택합니다. 긴 영상의 일부라도 상관이 없습니다. 우선 영상 전체를 한 번 시청합니다. 다시 처음으로 돌아와 문장별 끊어 읽기를 합니다. 이를 2~3회 반복합니다. 이렇게 문장별 읽기 연습이 끝나면 영상을 틀어 놓고 문장이 들리는 대로 따라 읽는 섀도잉을 합니다. 이런 식으로 하루에 하나의 짧은 영상만 꾸준히 공부해도 효과가 큽니다.

자료의 난이도에 따라 자막을 켜고 시청할 수도 있고 자막 없이 시청할 수도 있습니다. 주로 난이도가 높은 경우 자막을 활용하게 되는데, 역시 듣기가 아니라 읽기 공부가 될 위험이 있습니다. 이때 유용한 방법이 '눈 감기'입니다.

처음 몇 문장은 자막을 켜고 보면서 어떤 배경인지, 어떻게 전개될지 파악합니다. 이후에는 문장의 경계를 기준으로 눈을 잠깐씩 감습니다. 계속 잘 들린다면 눈을 감고 끝까지 가면 되고, 잘 안 들리면 중간중간 뜨면 됩니다. 이런 식으로 눈 뜨고 감기를 반복하면서 영상 하나를 다 듣습니다. 이제 영상을 처음부터 자막 없이 봅니다. 필요하다면 섀도잉 연습도 추가합니다.

　마지막으로 다시 돌려 보며 표현을 정리합니다. 해당 영상에 나오는 유용한 어휘나 덩이말chunk을 정리해 보고, 각각의 표현에 나름의 해설을 붙이는 활동도 좋습니다. 좋아하는 영상에서 표현을 수집하는 재미가 쏠쏠합니다. 이렇게 하다 보면 자신만의 노하우가 생깁니다. 나만의 고기잡이 도구를 만들어 유튜브의 바다에서 언어를 낚아 올리는 어부가 되어 봅시다.

말하기 혹은 정성을 다해 누군가가 되어 보기

　어린이는 대개 흉내 내기를 좋아합니다. 좋아하는 만

화체 따라 그리기, 연예인 성대모사, 아이돌 댄스 따라 추기는 기본이고, 선생님이나 친구 말투도 흉내 내며 재미있어 하지요. 유행어에 한번 꽂히면 몇 달을 쓰기도 하고요.

신기해 보이는 것이나 많은 사람이 즐기는 것들을 따라 해 보고 싶은 마음은 누구에게나 있나 봅니다. 엄청난 트래픽을 일으키는 인터넷 밈meme의 변함없는 인기는 이를 방증합니다. 우리말로는 '짤'이라고 부를 수 있는 밈 현상은 우리 안의 '따라쟁이' 본능을 잘 보여 줍니다.

나이가 들면서 이런 모방 욕구는 경계의 대상이 됩니다. 남들 앞에서 누군가를 흉내 낸다는 게 멋쩍기도 하거니와 혼자 있을 때 그러기도 왠지 쑥스럽습니다. 저 또한 중고생 시절 "남의 나라 말을 왜 이렇게 열심히 따라 해야 해? 우리말도 아닌 꼬부랑 발음을 익혀야 하는 이유를 모르겠네" 하고 투덜거렸죠. 지금 생각하면 외국어를 배우는 데는 전혀 도움이 되지 않는 고집이었습니다.

다른 문화에 대한 이해와 공감이 그 무엇보다 절실한 외국어 공부에서 모방 욕구는 훌륭한 동력이 될 수 있습니다. 언어학습이 말뿐만 아니라 다른 사람들의 문화와 사고방식을 배우는 일이라는 점에서 모방의 중요성은 아무리 강조해도 지나치지 않습니다. 그런데 '무조건 문장을 따라

하는 것'이 아니라 '대상에 이입함으로써 더 깊은 이해를 추구'해야 합니다. 앵무새가 아니라 배우가 되어야 합니다.

모방을 자기만의 색깔로 바꾸어 낸 좋은 사례가 '영국 방언 모방의 달인'으로 불리는 코리안 빌리Korean Billy입니다. 사실 우리가 동경하는, 아니 좀 더 정확히 말해 '동경하도록' 교육받는 원어민은 정확한 표준어를 사용하며 모든 면에서 완벽한 언어를 구사하는 '이상화된 원어민 화자'입니다. 그와 다른 영어를 들으면 발음이 이상하다고 느끼지요. 수업 시간에 "원어민도 소유격 its를 it's로 잘못 쓰는 경우가 꽤 많다"고 했더니 "원어민인데 그걸 왜 틀리죠?"라고 묻는 학생도 있었습니다. 하지만 우리나라에도 다양한 방언이 존재하고, 우리도 한국어를 하면서 말실수를 하고 어색한 문장을 쓰기도 한다는 사실을 생각해 보세요. '이상화된 원어민 화자'란 지구상 어디에도 없을 겁니다.

코리안 빌리는 '이상화된 원어민 화자' 모델과 반대 지점에서 특정 지역, 계층, 문화를 타깃으로 언어를 공부했습니다. 영국 영어의 매력에 빠진 그는 다양한 방언 습득을 목표로 삼았습니다. 우리말에 대입해 보면 한 외국인이 소위 서울의 '표준어'를 고집한 것이 아니라 충청도, 전라도,

경상도 방언을 유심히 관찰하고 따라 한 셈입니다. 이런 신선한 시도는 그의 유튜브 채널을 통해 널리 알려지기 시작했고, 급기야는 영국 BBC에까지 보도되었습니다.

우리 사회는 아이들에게 개성 있는 캐릭터가 되어 보라 요구하지 않습니다. 특정 방언에 대한 관심, 풍부한 감정 표현, 새로운 캐릭터의 창조를 꿈꾸기에는 표준의 힘이 너무나 강합니다. 아이들에게 거의 유일하게 주어진 배역은 영미권 중산층 백인의 말투를 지닌 엘리트입니다. 어쩌면 연기를 배우는 사람에게 세상에 존재하지 않는, 무엇보다 절대 어울리지 않는 단 하나의 역할만을 강요하는 셈입니다.

십여 년 전에 직장 선배가 회사를 그만두고 영어 연극을 시작했습니다. 영어교육 업계에서 나쁘지 않은 직장이었지만 표준화된 커리큘럼과 학습법으로 진짜 언어를 가르치긴 힘들다고 생각했던 것 같습니다. 그는 아이들에게 '미국 영어'나 '영국 영어'가 아니라 '영어를 통해 누군가가 되어 보는 경험'을 가르치고 싶어 했습니다.

제가 듣고 따라하기를 생각 없이 반복하는 앵무새가 아니라 '꼬마 연기자'로서 다른 삶을 동경하며 영어를 배웠다면 어땠을까요. 그저 소리를 듣는 것이 아니라 말에 담긴 기쁨과 슬픔, 설렘과 떨림을 이해하고 이를 기반으로 내 이야기를 만드는 경험과 창조하기 과정을 통해 나만의 언어를 만들어 왔다면 어땠을까요? 아무리 발버둥 쳐도 닿을 수 없는 네이티브라는 환상의 고지를 정복하려는 등반가가 아니라, 이 동네 저 동네로 난 작은 골목길을 순례하며 진짜 사람들을 만나 도란도란 이야기 나누는 여행자였다면 어땠을까요. 그저 영국인 빌리가 되려 하지 않고 한국인 빌리로, 한국인이면서 동시에 내가 닿으려 하는 언어와 문화의 일원으로 살아 보려 했다면 어땠을까요. 왜 그토록 오랜 시간 '이상화된 원어민 화자'의 그늘에서 슬퍼하는 나 자신을 방치했을까요?

'세계를 탐험하는 배우'로 저를 이끌어 준 사람이 있었다면 지금보다 좀 나았을 거라는 생각이 때때로 듭니다. 그랬다면 허깨비 같은 네이티브를 좇기보다는 정성을 다해 누군가가 되어 보는 '배우'로서 공부할 수 있었겠지요.

Chapter 9 :

삶을 위한 영어공부

영어에 빼앗긴 삶을 뒤로하고
삶을 위한 영어공부로 나아갑니다.

내 삶과 영어공부의 관계

삶을 위한 영어공부는 나 자신을 온전히 아는 데서 시작합니다. 영어공부를 위해 나 자신을 안다는 것은 배우는 주체로서 나를 돌아보는 일입니다. 유행이나 마케팅과 같은 커다란 목소리에 휘둘리지 않고 내 삶과 영어공부의 관계를 성찰한다는 뜻입니다.

MYSELF를 머리글자로 삼아 나를 이해하는 여섯 가지 방법을 살펴보겠습니다. 이를 통해 온전한 영어공부로 나아가기를 응원합니다.

영어공부의 목표 : Mission

일단 영어공부를 통해 성취하려는 바를 명확히 해야 합니다. 현재 삶의 시점에서 왜 영어를 공부해야 하는지 생각해 보고, 학습의 목표가 분명하지 않다면 한 번쯤 자신의 '영어공부 목표'를 정리해 보는 작업이 필요합니다. 그렇다고 Mission Impossible, 즉 불가능한 목표를 잔뜩 늘어놓는 과오는 범하지 말아야 합니다. 일상에 발 디딘 현실적인 목표가 필요합니다.

영어를 공부하는 목표를 써 보라고 하면 대개 듣기, 말하기, 쓰기, 읽기, 시험 점수 등의 측면에서 이야기합니다. "문법을 잘하고 싶다", "듣기가 되었으면 좋겠다", "토익 800점 이상" 같은 식입니다. 물론 이런 목표들도 의미가 있습니다. 하지만 여기서 그치지 말고 한 걸음 더 나아가길 권합니다.

'듣기 능력 향상'이 목표라면 목표 달성을 위해서 밟아야 할 수순들을 하나하나 열거해 보세요. "유튜브 채널 ○○ 영상을 하루 하나, 세 번 반복해서 듣고, 모르는 단어들을 찾아 정리하며, 1분 분량을 받아쓴 다음, 흥미로운 표현을 SNS에 올리고, 함께 공부하는 친구와 공유한다." 이렇게 세부 실행계획으로 기술될 때 현실이 될 가능성 또한 커집니다.

영어 활용의 상대 : You

이제 영어를 공부해서 어떤 상대에게 활용할 것인지 생각해 보세요. 회화 공부라면 누가 대화 상대가 될지, 쓰기라면 누가 독자가 될지를 생각하는 겁니다. 막연히 '말하기, 쓰기를 잘하고 싶다'는 희망만을 가지고 뛰어든다면 실패로 직행할 가능성이 큽니다.

도저히 상대를 찾을 수 없을 때도 있습니다. 그런 경우에는 먼저 드라마나 영화 등의 콘텐츠를 활용하여 '마치 누군가와 이야기하듯' 영어를 공부해 보세요. 특정 배역을 맡아서 연기를 해 보는 겁니다. 그다음 방법은 '특정 주제에 대한 토크 또는 프레젠테이션'과 같은 프로젝트를 구상하고, 이를 완성하는 방식으로 공부하는 것입니다. 블로깅을 하거나 유튜브 채널을 운영하며 동기를 유지할 수도 있습니다. 마지막으로는 스터디 그룹에 참여하거나 시중에 나와 있는 면대면 회화 프로그램을 활용합니다. 실제로 사람들을 만나 영어로 떠들 수 있는 기회를 만드는 것이지요.

You가 중요한 이유는 명확합니다. 인간은 사회적 동

물이고, 언어는 사회적 행위 중에서도 상호작용의 중요성이 매우 높은 영역입니다. 혼자 할 수 있는 것이 분명 있지만, 말하기와 쓰기와 같은 영역에서는 직접 소통을 통해 배우는 편이 훨씬 더 낫습니다. 언어학습에서 실제적인 소통과 사회적 관계의 중요성을 고려한다면 소통의 상대를 찾아보려는 노력은 분명 가치가 있습니다.

만족 : Satisfaction

외국어 학습을 다룬 책에서 좀처럼 언급되지 않는 요인이 학습자의 만족입니다. '마땅히 배워야 할 것'을 '올바른 방법'으로 배워야 한다는 원론에는 학습 과정에 대한 개개인의 만족감이 끼어들 구석이 없습니다. 그저 지루해도 버티고 괴로워도 참아 내야만 무엇이든 배울 수 있다는 가정이 깔려 있습니다.

하지만 작은 만족을 자주 이끌어 낼 수 있는 공부야말로 삶을 변화시키는 힘이 됩니다. 거창할 필요는 없습니다. 밤마다 잠자리에 들면서 "내일은 ○○ 공부한다. 신난다!"라고 스스로에게 속삭일 수 있는 계획을 짜는 겁니다. 좋아하는 배우의 인터뷰 기사일 수도 있습니다. 즐겨 듣는 팝송

가사나 보다가 덮어 둔 문법책일 수도 있습니다. 스포츠 메타포 모음집 또는 우연히 마주친 비즈니스 표현 웹사이트일 수도 있습니다. '덕질'의 대상이 되는 용어일 수도 있고, SF 영화를 소개하는 블로그일 수도 있습니다. 그 어떤 것이든 공부가 기쁘고 기다려지는, 하루치 공부를 마치면서 씨익 웃을 수 있는 내용을 찾아보세요.

자아 : Ego

"심리학 강의도 아닌데 웬 자아?"라고 하실지도 모르겠습니다. 하지만 언어학습에 임하는 자아의 성향을 파악하고, 어떤 의지와 자세를 가지고 있는지를 이해하는 일은 대단히 중요합니다.

저는 시사나 정치에 흥미를 느끼는데요, 책을 읽어 가며 공부하기보다는 실시간 속보나 논평, 분석 기사를 즐겨 봅니다. 특히 2000년 미국 대선 당시 플로리다주에서 재개표 사태가 벌어졌을 때, 부시와 고어 두 후보 진영의 논쟁, 다양한 미디어의 논평, 실시간 취재 경쟁 등을 한 달 남짓 집중해서 접하면서 미국의 선거 제도를 이해하게 되었고, 관련 표현들도 익혔습니다.

자아에 맞는 타깃을 고르세요. 남들이 다 사는 책, 남들이 다 따라 하는 방식일 필요는 없습니다. '지속의 힘'을 확보하는 것이 무엇보다 중요하지요. 남들이 좋다는 공부보다는 내가 원하는 공부가 오래갑니다. 남들이 어제 골라놓은 지문보다는 내가 지금 고른 텍스트가 더 재미있습니다. 당연합니다. 하지만 '더 좋은 게 뭐 없을까' 하며 서점을, 인터넷 사이트를 기웃거리다가 종종 잊는 사실입니다.

자아가 무엇을 원하는지 살피는 일은 단단한 영어공부를 만드는 주춧돌이 됩니다. 내가 흥미를 갖고 오랜 기간 지속적으로 공부할 수 있는 내용과 방식을 찾는 일. 이것이 분주한 삶 가운데서도 영어공부를 놓지 않을 수 있는 유일한 길입니다.

학습 스타일과 전략 : Learning styles and strategy

학습 스타일과 학습 전략은 자칫 소홀하기 쉬운 부분입니다. 이를 간과한다면 목적지만 바라볼 뿐 배를 타야 할지 비행기를 타야 할지 모르는 상황이 되고 맙니다.

일반적으로 학습 스타일은 오랜 시간 변하지 않는 학습 방법을 말합니다. 비디오보다는 오디오로 공부할 때 듣기에 더 집중하는 스타일, 회화를 배울 때는 배운 걸 써먹어야만 직성이 풀리는 '개방적' 스타일 등 저마다의 스타일이 있습니다. 최근 각광받는 비주얼 씽킹visual thinking이 잘 맞는 분은 '시각 중심 학습 스타일'이라고 할 수 있지요.

이에 비해 학습 전략은 특정한 학습 상황에서 동적으로 변할 수 있는 다양한 기법을 말합니다. 단어를 외울 때 100번을 써 본다거나 입으로 중얼중얼거려서 단어를 입에 '붙게' 하는 것은 어휘학습 전략이지요.

중요한 것은 사람마다 학습 스타일과 전략이 다르다는 사실입니다. 물론 유명 강사의 경험에서 나온 노하우가 우연히 내 몸에 맞을 수도 있습니다. 하지만 사람들에게서 많은 호응을 얻고 있다고 해서 나에게도 맞으리라는 생각은 금물입니다. '모범 사례'라고 나에게 딱 맞는 사례는 아닙니다. 베스트셀러라고 정답은 아닙니다. 나 자신의 스타일과 전략을 찾아야 할 이유입니다.

재미 : Fun

전통적으로 영어학습에서 '재미'라는 부분은 간과되어 왔습니다. 학교 교육의 근엄한 얼굴 탓이지요. 하지만 이는 학습 심리의 기본을 무시한 처사입니다. 학습은 노력을 통한 성취의 영역이기도 하지만 향유의 대상이기도 합니다. 향유의 중심에는 '즐김'이 있습니다. 즐김은 재미에서 말미암습니다.

내가 뭘 재미있어하는지는 쉽게 알 수 있습니다. 음악을 좋아하는지, 스포츠를 즐기는지, 아니면 우스운 '짤'을 모으고 싶은지 말입니다. 특정 외신을 즐겨 보거나 좋아하는 스타를 향한 '덕질'을 영어로 해 볼 생각이라면 준비는 다 된 셈입니다.

유머도 좋고 만화도 좋습니다. '라인 웹툰' 같은 한국 유명 웹툰의 영문판도 유익합니다. '다섯 문장으로 공포소설 쓰기'를 해 보거나 즐거움과 정보를 동시에 주는 유튜브 채널을 구독하는 것도 좋은 방법입니다. 재미있는 콘텐츠를 찾고, 하루하루 즐거움에 빠지는 습관을 키우십시오. 그러다 보면 어느새 영어 자체도 조금 더 재미있게 느껴지는 순간이 올 것입니다.

영어, 속전속결이 아닌 '슬로러닝'으로

'슬로푸드'는 '패스트푸드'에 대립하는 개념으로, 위키피디아에 따르면 "지역의 전통적인 식생활 문화나 식재료를 다시 검토하는 운동 또는 그 식품 자체를 가리키는 말"입니다. '슬로리딩'은 속독에 대응되는 말입니다. 정보를 취하기 위해 책을 빠르게 읽어 내는 독서가 아니라, 한 구절 한 구절을 차분히 음미하며 다각도로 해석하는 독서법을 뜻합니다. 속도와 마감에 쫓기는 현대인의 일상에서 먹는 행위, 읽는 행위를 바꾸어 나가려는 슬로푸드, 슬로리딩은 하나의 트렌드가 되었습니다.

그런데 '슬로러닝'slow learning은 존재하지 않는 듯합니다. 학습을 다루는 일부 심리학 분과에서 '슬로러닝'이라는 용어가 발견되긴 하지만 슬로푸드나 슬로리딩에서의 '슬로'와는 다른 의미입니다. 여전히 학습의 만트라는 '빠른 시간 안에', '효율적으로', '많은 것을'이지요.

삶을 위한 영어공부는 '느린 공부'를 지향합니다. 시험을 위한 영어, 스펙을 위한 영어를 넘어 읽고 말하고 곱씹고 성찰하고 소통하고 상상하는 영어를 꿈꿉니다. 영어학습에서의 '슬로러닝'은 구체적으로 다음과 같은 활동으로 나아갑니다.

첫째, 발음 공부, 즉 '소리 내기' 활동에 더해 '소리 느끼기' 활동에 주목합니다. 안면 근육과 혀의 움직임, 목의 떨림에 민감하게 반응하며 말소리가 전해 주는 느낌을 기억합니다. 자음과 모음을 구별하는 일을 넘어 소리의 성질 자체에 집중하는 듣기를 실시합니다. 코가 간질간질해지는 소리를 내 보기도 하고 목젖이 떨리는 소리를 골라 보기도 합니다. 모음을 바꾸어 발음하면서 얼굴 근육과 혀의 운동을 느껴 봅니다. 언어를 배우는 일은 언제나 소리에 감응하는 일임을 기억합니다.

둘째, '단기 속성' 방법이 아니라 '장기 숙성' 공부를 지향합니다. 한 주에 수백 개의 단어를 외우는 대신 단어와 단어, 단어와 나, 단어와 세계의 관계를 곰곰이 생각하며 사고의 지반을 다집니다. 단어의 외연적 의미를 넘어 함의를 생각해 봅니다. 우리 문화와 타문화를 넘나들며 두 언어 간의 어휘 네트워크를 비교해 보기도 합니다. "의미가 담긴 단어는 인간 의식의 소우주"라는 비고츠키의 말처럼 말 속에서 세계를, 우주를 발견하는 힘을 기릅니다.

셋째, 속도를 우선시하는 유창성보다는 할 말을 또박또박

해내는 것을 목표로 삼습니다. 상대에게 양해를 구하고 천천히 말하기를 실천합니다. 빠른 언어를 이해하는 능력과 함께 '답답할 정도로 느린' 이야기를 경청하는 능력을 키워 갑니다. 술술 말하지 못해도 마음을 전달할 수 있고, 조금 서툰 말 속에서도 감동을 발견할 수 있는 자신을 만들어 갑니다. 빠름에 대한 동경만큼 느림에 대한 인내를 키워 갑니다. 능숙함에 경탄하는 만큼 조곤조곤한 대화에서 아름다움을 찾습니다.

넷째, 언어 능력이 성장하기를 갈망하듯 자신이 변화하는 모습을 고대합니다. 새로운 말들이 내 안에 쌓임과 동시에 나 자신이 새로운 존재가 되어 가는 것을 목격합니다. 학습을 모니터링하는 데 그치지 않고 내면을 응시하고 세계와 대면합니다. 말의 풍경이 바꾸는 세계의 풍경에 기뻐합니다.

이렇게 천천히, 조금씩, 오래, 함께 걸어갑니다. 전력 질주가 아닌 돌아봄과 성찰로 나아갑니다. 농담과 유머, 상처와 희망을 나누며 오랜 벗과의 산책 같은 시간으로 공부를 채워 갑니다. 언어의 속도에 휘둘리지 않고 삶의 속도로 언어를 제어하는 법을 배워 갑니다. '슬로러닝'은 경쟁의 속도가 아니라 삶의 호흡과 함께합니다.

삶을 위한 영어수업
: 인생과 영어를 함께 가르치기

삶을 위해 영어를 가르치는 일은 어떠해야 할까요. 여러 가지 모양이 있겠지만 궁극적으로는 영어를 인생과 함께 가르쳐야 한다고 믿습니다. 그래서 'love의 과거형은 loved'라고 가르치기보다는 'I love you'와 'I loved you' 사이의 심연에 대해서 생각할 기회를 주고 싶습니다. 지금 여기에서 당신을 사랑한다고 말하는 일과 지나간 사랑을 반추하는 일의 차이에 대해 이야기하고 싶습니다. 시제의 변화와 함께 달라져 버린 I와 you를, I와 you가 나누었던 love의 시간을 이야기하고 싶습니다.

'개'는 dog이라고 가르치는 것을 넘어, 모든 개를 dog으로 부를 수 있는 인간의 개념화 능력과 서로 다른 개들을 그저 dog이라 부르는 데서 발생하는 상징적 폭력에 관해 논의할 수 있길 바랍니다. 우리가 세계를 이해함에 있어 범주를 자유자재로 만드는 능력이 얼마나 놀라운지 이야기하는 한편, 모든 것을 하나의 이름으로 부를 때 놓치게 되는 개별성에 대해서도 이야기하고 싶습니다. dog이라는 말을 통해 세상의 모든 개들을 한 번에 불러오는 마법에 놀라면서도, dog이라는 이름으로 감춰지는 강아지 하나하나의 모습에 대해 이야기할 수 있기를 바랍니다. 스쳐 가는 꽃 한 송이에 이름을 지어 주는 일의 아름다움을 이야기하고 싶습니다.

형태와 의미를 묶고 삶에 접붙여 가르치고 싶습니다. 언어를 배운다는 것은 단지 해석을 할 줄 안다는 뜻이 아닙니다. 모든 말은 역동적이며 나름의 힘을 갖기 때문입니다. 언어의 작디작은 변화도 삶의 경험들과 만나 충돌하고 새로운 의미를 생성할 수 있음을 보여 주고 싶습니다. 그렇게 '세상에서 가장 슬픈 be동사'를 가르치고 싶습니다.

위키피디아 인물 페이지의 첫 문장은 '사람 이름+be동사'로 시작합니다. 예를 들면 케이트 블란쳇은 "Catherine Elise Blanchett, AC (/ˈblæntʃət/ born 14 May 1969) is an Australian actress and theatre director." 같은 식입니다. 케이트 블란쳇은 아직 생존해 있기에 be동사가 현재형 is입니다.

그런데 고인이 되면 시제가 달라집니다. 2016년에 세상을 떠난 조지 마이클의 페이지는 "George Michael (born Georgios Kyriacos Panayiotou; 25 June

1963–25 December 2016) <u>was</u> an English singer, songwriter, record producer, and philanthropist who rose to fame as a member of the music duo Wham!"이라고, 존 버거는 "John Peter Berger (/ˈbɜːrɡər/; 5 November 1926–2 January 2017) <u>was</u> an English art critic, novelist, painter and poet"라고 소개됩니다. 위키피디아 인물 페이지의 과거형 was는 어쩌면 세상에서 가장 슬픈 be동사가 아닐까요.

하지만 우리 마음속에서 그들은 언제까지나 현재형입니다. "George Michael <u>is</u> an English singer, song-writer, and record producer"이고, "John Peter Berger <u>is</u> an English art critic, novelist, painter and poet"입니다.

존재'했던' 것들은 언제까지나 존재'합니다'. 죽음과 삶은 그렇게 엮여 있습니다. 삶과 죽음을 연결하는 것은 기억입니다. 기억과 기억을 연결해 주는 것은 만남입니다. 죽음과 죽음을 연결해 주는 것은 기록입니다. 살아 있는 이들을 무엇보다 강하게 연결하는 것은 우리가 모두 함께 죽어 가고 있다는 깨달음입니다. 그리고 이 모든 것을 연결하는 것은 지금, 여기, 우리입니다. 그렇게 엮여 있는 우린 앞으로 또 어떻게 될까요?

그렇게 be(존재)동사는 현재와 과거, 미래로 자신을 확장합니다. 우리 삶처럼 말입니다.

영어를 위한 사람이 아니라
사람을 위한 영어를 위하여

'삶을 위한 영어공부'를 주제로 한 여정을 마무리할 시간입니다. 우리가 영어를 공부하는 이유를 숙고하면서 영어학습에 대한 새로운 가능성을 논의해 보았습니다. 우리 사회에서 강력한 힘을 발휘하고 있는 인풋 중심 사고와 네이티브 이데올로기를 살펴보고, 이를 넘어서기 위한 구체적인 방법론을 어휘, 문법, 읽기와 쓰기, 말하기와 듣기 등의 영역에서 살펴보았습니다. 여정의 종착지이자 또 다른 여행의 출발점에 서서 우리의 삶과 영어의 바람직한 관계에 대해 함께 성찰하는 시간을 갖고자 합니다.

언어는 의미를 만들고 생각을 교환하며 경험을 새기는 도구입니다. 감정을 표현하고 의견을 주고받으며 행동을 공유하는 수단입니다. 모국어건 외국어건 언어의 본령은 나와 너를, 더 나아가 사람과 사람을 이어 주는 데 있습니다.

하지만 우리 사회에서 영어의 역할은 좀 다른 듯합니다. 언어는 밥벌이의 수단이기도 하고, 사람을 통제하는 방식이기도 하고, 사회적 지위와 교육 정도를 보여 주는 지표이기도 합니다. 기업은 일정 수준으로 영어를 해야만 취업할 수 있다는 규칙을 제시합니다. 영어가 '문지기' 노릇을 하고 있습니다. 영어를 유창하게 구사하는 사람은 '세련된' 느낌을 풍깁니다. '네이티브 발음'을 가진 사람은 특별한 지위를 가진 것처럼 여겨지기도 하지요. 영어가 의사표현의 수단을 넘어 노동을 통제하는 수단이면서 상징적인 자본으로 우리 사회에 자리 잡았다고 해도 과언이 아닙니다.

나아가 영어는 각종 사교육 및 어학연수 시장에서 널리 판매되는 물건이 되었습니다. 사실 1990년대 후반까지만 해도 영어교육이 이 정도로 큰 시장은 아니었습니다. 시장 확대가 주춤하다고는 하지만 지난 20여 년간 영어 사교육 영역은 놀랍도록 팽창했습니다. 온갖 영어학원, 회화 프로그램, 어학 관련 앱 광고를 끊임없이 접하게 되었지요. 이 같은 '언어의 상품화' 경향은 지식노동이 일반화되고,

물자가 더 빨리 유통되며, 이주와 관광이 늘어나고, 다국적 기업들의 영향력이 강화되면서 더욱 심화되고 있습니다.

언어의 상품화는 금융자본과 서비스 경제의 영향력이 커지고 지식 생태계가 급속히 변화하는 후기 자본주의 시대의 징후로 볼 수 있습니다. 이에 더해 인터넷과 스마트폰을 중심으로 뉴미디어가 확산되고 재화를 생산하고 분배하는 방식이 달라지면서 영어를 접할 수 있는 다양한 길이 확보되었습니다. 이제 클릭 몇 번이면 『가디언』이나 『타임』, 『뉴요커』 같은 세계 유수의 영어 언론에 접속할 수 있는 상황입니다. 언제 어디서나 거의 무한대의 영어 자료에 접속할 수 있는 환경에서 외국어는 누구나 열심히 하면 습득할 수 있는 도구라는 생각, 영어를 못하는 건 학습자 개개인의 잘못이라는 생각이 강화되고 있습니다.

이런 상황에서 영어의 영향력은 커지고 있습니다. 대학 입시에서의 비중이 예전만 못하다고는 하지만 우리 사회에서 영어 실력이 거머쥔 권력은 결코 무시할 수 없습니다. 영어의 은밀한 힘은 학교 성적이나 입사를 위한 스펙, 승진 요건의 역할을 넘어 일상생활에서 보이지 않게 작동합니다. 영어를 사회문화적 계층을 파악하거나 타인을 판단하는 근거로 사용하는 경향이 대표적이라고 할 수 있습니다. 영어에 과도한 힘과 의미가 부여되어 버렸습니다.

우리는 보통 역사 지식이나 100미터 달리기 기록으로 누군가의 배경을 순식간에 판단하지 않습니다. 지도에 해박한 지식이 있다고 해서 큰 관심을 주진 않죠. 심지어 국어 실력도 그다지 중요하게 받아들이지 않습니다. 하지만 누군가의 영어 발음을 듣는 순간 그에 대해 꽤나 많은 것을 '알아차리게' 됩니다. 상대에 대한 은밀한 선입견을 갖게 되기도 하지요. 이러한 경향은 간단히 확인할 수 있습니다. "걔 우리말 정말 잘해"와 "걔 영어 정말 잘해" 가운데 어느 표현을 더 자주 쓰고 또 접하시나요? 왜 우리는 "걔 완전 네이티브야"라는 말에 모종의 후광을 덮어씌우는 걸까요?

뼈아픈 것은 영어에 대한 태도가 외부로만 향하지 않는다는 점입니다. 적지 않은 사람들이 영어 실력으로 자신의 많은 부분을 판단해 버립니다. "영어도 안 되는데……"라며 체념 어린 이야기를 하기도 하죠. 지금 우리 사회에서 영어를 강조하는 만큼 우리 안에서도 영어에 대한 갈망이 떠나질 않습니다. 그런 면에서 영어의 힘은 사회적이며 동시에 심리적입니다.

이 사회에서 영어는 사회문화적 계층과 특권의 대변인이 되어 버린 듯합니다. 영어가 삶을 풍성하게 하지 못하고 도리어 척박하게 만들고 있습니다. 영어교육을 오랜 시간 공부하고 가르쳐 온 사람으로서 저 자신 또한 이 사태의 희생자이자 방조자라는 생각으로 괴롭습니다. 보이지 않는 거대한 영어의 '덫'에서 빠져나가고 싶다는 소망 뒤에는 이런 괴로움이 도사리고 있습니다.

인간과 인간을 이어 주는 영어가 아니라 가르고 줄 세우는 영어, 철저히 사고파는 물건이 되어 버린 영어의 시대. 우리 사회에서 또 우리 안에서 영어가 휘두르는 힘을 정확히 이해하고 다스려야 합니다. 영어를 위한 인간이 아니라 인간을 위한 영어가 될 수 있도록 말입니다. 혼자 할 수 없는 일입니다. 함께해야 하는 일입니다.

맺음말

언어와 소통의 새로운 미학을 꿈꾸며

영화『굿모닝 베트남』에서 로빈 윌리엄스는 라디오 방송을 시작하며 "Good morning, Vietnam!"을 외칩니다. 곧이어 루이 암스트롱의「What a wonderful world」가 울려 퍼집니다. '좋은 아침'과 '이토록 멋진 세상'을 배경으로 우는 아이들, 총구를 마주한 학생들, 슬픔에 잠긴 군인, 폭격당하는 마을, 불길에 휩싸인 민가의 모습이 흐릅니다.

이 장면을 보기 전에는 'Good morning'이, 'What a wonderful world'가 그토록 비참한 광경과 엮일 수 있을 줄은 몰랐습니다. 이젠 압니다. 'Good morning'이라는 말에 처참한 시대의 아픔이 녹아들 수 있다는 것을, 'What a wonderful world'라는 감탄문이 잔혹하기 짝이 없는 폭격 장면과 겹쳐질 수 있다는 사실을요. 다른 한편으로 오늘 하루 "좋은 아침"이라고 서로에게 인사를 던질 수 있음에 감사하게 됩니다. 이제 흔한 인사 한마디도 당연하지 않습니다. 그렇게 이 말들은 제게 눈부시게 아름답지만 말할 수 없이 참혹한 세계를 불러들이는 주문이 되었습니다.

얼마 전에는 'shield'라는 단어의 의미를 새로이 마음에 새겼습니다. 20세기 스포츠사에 큰 획을 그은 캐서린 스위처를 알게 되었기 때문입니다. 1967년 스무 살이었던 스위처는 여성으로는 처음으로 보스턴 마라톤에 참가합니다. 당시 마라톤은 남성들의 전유물이었습니다. 조직위원장 조크 셈플은 여성이 뛰고 있다는 사실을 알고 "여자는 빠져!" 하고 고함을 지르며 그녀에게 달려듭니다. 하지만 그녀의 남자친구와 몇몇 출전 선수들은 스위처의 곁에서 방패막a protective shield이 되어 전 코스를 함께 달립니다. 그 결과 1972년부터는 여성의 대회 참가가 공식 허용되며 여성을 철저히 배제해 온 마라톤의 역사는 끝을 맺지요. "쉴드 치지 마"라는 말에서 주로 듣던 'shield'는 저에게 완전히 새로운 의미가 되었습니다. 이제 'shield'라는 단어를 만나면 스스로를 방패 삼아 저를 키워 온 이들의 얼굴이 떠오릅니다. 나는 또 누구의 용기를 응원할 방패가 될 수 있을지 고민합니다.

'Good morning', 'What a wonderful world', 'shield'가 무슨 뜻인지야 알고 있었습니다. 하지만 다른 이들의 삶 속에서 이 표현들을 접하며, 저의 세계는 조금씩 넓어졌습니다. 이렇듯 어떤 단어, 어떤 문장이든 그 안에 새로운 세계를 품고 있습니다. 작디작은 말 한마디가 우리를 예상치 못했던 의미와 마주하게 할 수 있습니다. 이 점을 이해한다면 영어공부에 대한 이전의 기억과는 다른 '삶을 위한 영어공부'의 기억을, 영어를 통해 새로운 차원으로 들어가는 경험을 만들어 갈 수 있습니다.

꽤 오랜 시간 영어교육의 일선에서 일하며 의미와 재미 모두를 잡는 교수학습을 설계하고 언어와 사고의 관계를 그려 내는 일에 천착해 왔습니다. 그에 더해 요즘 저는 또 다른 꿈을 키워 가고 있습니다. 바로 언어와 소통에 대한 새로운 미학의 창조입니다. 이는 '멋진 발음', '네이티브 영어', '본토 영어' 등에 의심을 품고 우리가 아름답다 여기는 언어가 진정 아름다운지 질문을 던지는 데서 시작합니다. 그리고 당연하다 여기는 것들에 숨어 있는 당연하지 않은 이치를 파고드는 작업으로 나아갑니다. 이 과정 속에서 외국어로 소통하는 일의 아름다움이 새롭게 드러납니다.

다른 사람이 하는 영어를 못 알아들을 때 '말하려는 바를 제대로 이해하고 싶다'며 귀를 쫑긋 세우는 경청. 손짓 발짓을 통해 소통하려는 사람 앞에서 '내가 어떻게 도우면 상대가 하고 싶은 이야기를 온전히 꺼내 놓을 수 있을까?'라고 궁리하는 태도. '짧은 영어'에 가려진 '긴 이야기'에, '알아듣기 힘든 발음'에 가려진 '말하는 존재'에 주목하는 모습이 아름답습니다. 나 자신과 주변 사람들의 외국어를 폄하하거나 이상하다고 여기지 않고, 함께 공부하고 성장하며 서로를 응원하는 따스한 마음이 아름답습니다.

이 책을 통해 만나게 된 분들과 함께하고 싶은 일이 있습니다. 사회적 자본과 권력을 불균등하게 분배하는 영어의 힘에 저항하고 싶습니다. 특권 부여와 구별 짓기의 도구가 아닌, 삶을 풍성케 하는 가능성의 언어로서 영어를 키워 가고 싶습니다. 물론 영어교육이라는 거대 구조의 문제를 하루아침에 바꿀 수는 없겠지요. 하지만 일상을 바꾸고 그로부터 얻은 기쁨과 좌절, 성과와 한계를 나눔으로써 우리 사회에서 영어가 가진 부정적 힘을 조금씩 약화시킬 수 있을 겁니다. 구조는 일격에 무너지는 것이 아니라 우리의 시선에서, 발걸음에서, 손끝에서 부스러집니다. 모두의 작은 실천은 모두를 작게나마 바꿉니다. 서로에게서 그 변화를 감지하며 우리는 좀 더 나은 세계로 나아갈 수 있습니다.

일상에 뿌리박은 재미난 영어학습법을 디자인하면서 영어를 '절대 도달할 수 없는 그들의 언어'가 아니라 '성찰과 소통, 연대를 위한 우리 삶의 언어'로 바꾸어 나갔으면 합니다. 다른 세계를 상상하는 힘이 되는 영어가, 우리 모두를 성장시키는 영어교육의 문화가 숨 쉬는 사회를 꿈꾸어 봅니다.

공부는 지식을 쌓는 일이기도 하지만 자신을 세워 가는 작업이기도 합니다. 발달이 없는 축적은 앙상한 기능으로, 성장을 돕지 못하는 공부는 씁쓸한 후회로 남습니다. 책에서 얻은 바는 책 밖에서, 학교에서 배운 바는 학교 밖에서 써먹어야 합니다. 이처럼 공부를 통해 이루려는 바는 언제나 실천에 있습니다. 영어공부라고 해서 예외가 될 수는 없습니다.

학교에서, 직장에서, 동네에서, 도서관에서, 스터디 모임에서, 그리고 어두운 밤 홀로 공부하는 여러분들의 컴퓨터와 노트 속에서 새로운 영어공부를 실천하는 신나는 실험들을 만나고 싶습니다. 저 또한 계속 공부하고 궁리하며 나누겠습니다.

삶을 위한 단단한 영어공부, 이제 시작입니다.

단단한 영어공부
: 내 삶을 위한 외국어 학습의 기본

2019년 3월 4일   초판 1쇄 발행
2023년 8월 4일   초판 9쇄 발행

지은이
김성우

펴낸이　　　**펴낸곳**　　　**등록**
조성웅　　　　도서출판 유유　　제406-2010-000032호(2010년 4월 2일)

주소
경기도 파주시 돌곶이길 180-38, 2층 (우편번호 10881)

전화　　　　　**팩스**　　　　　　**홈페이지**　　　　**전자우편**
031-946-6869　0303-3444-4645　uupress.co.kr　uupress@gmail.com

　　　　　　　페이스북　　　　**트위터**　　　　　**인스타그램**
　　　　　　　facebook.com　　twitter.com　　instagram.com
　　　　　　　/uupress　　　　/uu_press　　　　/uupress

편집　　　　　**디자인**　　　　**마케팅**
전은재, 조은　　이기준　　　　전민영

제작　　　　　**인쇄**　　　　　**제책**　　　　　**물류**
제이오　　　　(주)민언프린텍　다온바인텍　　책과일터

ISBN 979-11-89683-05-4 03740